财务系统建设专家，金财时代教育科技（北京）有限公司董事长，老板财务精品课程《总裁财税思维》《老板利润管控》《财务体系》《股权财务体系》《资本财务体系》《内控体系》《预算体系》授课导师。

10年大型企业财务总监任职经验，历任央企财务信息化项目组研究员、总会计师协会特聘教授、注册管理会计师协会考试专家组成员、中国财务技术网创始人，"大财务"思想终身推动者。

曾为数万家民企及数百家大型企业提供财务顾问及咨询服务，包括一汽丰田、华为、伊利、邮储银行、华谊兄弟等知名企业。为2万多名总经理、财务总监做过财务教练。

已出版作品:《老板财务管控必修课》《民企财务规范五大系统》《大财商：老板如何掌控财务》《7天让你透过报表看懂公司》《金财财税系统》工具包等。

张金宝老师
个人微信

◇为 900 位企业家及高管授课《总裁财税思维》

◇携手 30 位财税咨询师授课《总裁财税思维》

◇为东莞仙津集团做财税体系落地辅导

◇为西建集团做财税体系落地辅导

◇为美瑞特做财税体系落地辅导

民企两账合一实操手册

张金宝 著

辽宁人民出版社

© 张金宝　2021

图书在版编目（CIP）数据

民企两账合一实操手册 / 张金宝著.—沈阳：辽宁人民出版社，2021.7
ISBN 978-7-205-10178-7

Ⅰ.①民… Ⅱ.①张… Ⅲ.①民营企业－企业管理－财务管理－中国－手册 Ⅳ.①F279.245-62

中国版本图书馆CIP数据核字（2021）第 068076 号

出版发行	辽宁人民出版社
	地址：沈阳市和平区十一纬路 25 号　邮编：110003
	电话：024-23284321（邮　购）　024-23284324（发行部）
	传真：024-23284191（发行部）　024-23284304（办公室）
	http://www.lnpph.com.cn
印　　刷	河北雪迎世纪印刷有限公司
幅面尺寸	148mm×210mm
印　　张	8.25
字　　数	158 千字
出版时间	2021 年 7 月第 1 版
印刷时间	2021 年 7 月第 1 次印刷
责任编辑	张婷婷
装帧设计	张国祥
责任校对	吴艳杰
书　　号	ISBN 978-7-205-10178-7
定　　价	68.00 元

财务的春天

几乎每个月，我都会讲《总裁财税思维》课程，500 多位学员的课程现场，不做两套账的企业寥寥无几。

甚至有的企业觉得两套账不够用，要做三套。一套是为了应付税务局的"瘦账"；一套是给银行贷款用的；一套是给老板自己用的内账。

事实上，三套账，没有一套是准确的，许多佣金、回扣、送礼还不一定记录在账上。

我一直想投资拍一部电影，名字就叫《财务的春天》。

为什么说财务的春天？因为原来的老板普遍都是重业务、轻财务，认为财务就是简简单单地记账、报税、管钱。所以，与其说老板是不屑于管财务，不如说他们是不重视，在财务管理方面投入的时间、精力非常少。

但我认为，财务的春天已经来了，理由如下。

1. "互联网＋"。所谓"互联网＋"，就是传统产业用互联网手段改变商业模式和经济形态。比如"互联网＋旅游"就成了携程，"互联网＋出租车"就有了滴滴打车。那么，"互联网＋税务局"是什么结果？

在"互联网＋"时代，税务局的税务稽查手段越来越先进。曾有税务局研发过一种叫网络爬虫的产品，可以通过互联网在各大信息渠道网站搜集一切税务稽查或企业不合规纳税的信息。

曾经，有一个客户开年会，由于我是他们的财务顾问，所以也在受邀之列。老板上台发言后还把我请上去，给我鞠了一躬，说感谢我们这几个幕后的老师，帮助他们的财务有了很大的提升。

接下来，他把员工邀请上去领奖金，奖金是用超市购物的塑料袋装的，我根据它的厚度目测了一下，一塑料袋大概是 60 万元，可能有的多一点，有的少一点。开年会时，让一些优秀员工上台领奖金这种行为，其实就是为了鼓舞、激励员工努力工作。

于是，一堆员工拿出手机拍照。拍完照会发生什么，要不要发微信朋友圈、发微博？只要一发到朋友圈、微博上，网络爬虫就能接收到，信息查到以后，马上产生了一个问题：个税交了没有？ 60 万元的奖金，要缴纳的个人所得税可不少。这就跟税务风险挂上钩了。但是，开年会时安排几个保安在会场门口拦着，并要求大家都不能带手机和录音笔，这也不现实。

　　深圳一家企业开完股权激励的高管会议第二天，税务局就来了，老板很惊讶，还以为出了内奸，认为是不是有谁举报了。其实是税务局通过信息渠道，筛选到这个企业做股权改革，股权改革有大量需要交税的环节，所以过来看看。在"互联网＋"时代，对企业财务的规范要求提出了新的挑战。

　　2."大众创业、万众创新"时代的到来。之前有一部电影非常火爆，叫《中国合伙人》。只要培养一个员工优秀到一定的程度，想留住他就很难了。大家都想自己当老板，想要把这个人留住，让他跟着你一起干，必须要面对的一个问题就是分钱、分利润。

　　那么问题来了，我们在分钱的时候，是用内账报表还是用外账报表？如果拿外账报表分的话，没有意义；而拿内账报表分，报表数据一公布，高管、合伙人马上就掌握了老板的把柄。因此在合伙人时代，除了亲兄弟要明算账之外，还要保证公布的数据是经得起推敲的。

　　3.资本市场的火热。近年来，注册制、科创板、股市、投融资非常受人关注，几乎到了全民皆资本、人人论资本的程度。对于一个企业来说，不论是自己上市、被别人并购，还是接受他人投资，都是很好的选择。但企业想要融资或变现的前提，就是财务的规范。业务不强大，财务不规范，资本市场会认可你的企业吗？会愿意给企业投钱，让企业上市吗？所以为了上市也好，为了融资也好，都对企业财务的规范化提出了新的要求。

　　4."创二代"接班。20世纪80年代出来创业的企业家，现在基本都已年近花甲、即将退休，这个时候就需要"创二代"来接班。但是，如果整个公司的财务乱成一团，没有系统，没有流程，没有规范，没有制度，"创二代"能担当得起这个重担吗？对于老板及父母来说，给孩子一个干干净净、清清爽爽的公司，比给他一套糊涂账要好得多。

以上，我给大家分析了当前财务面临的问题。那么在这种情况下，我们再去分析如何进行企业财务的规范，以及财务不规范又会面临怎样的风险。这些都是作为老板必须去面对的问题。

最近几年，我组建了2000多人的团队，其中财务咨询老师就有近300位。通过每年给上千家企业提升财务体系咨询和服务，我总结了许多民企因财务不规范导致的问题与后果，也总结了许多两套账的改善方案。

本书提到的一些方案与建议，仅为我们线下课程与咨询辅导中的微小片断。同时作为抛砖引玉之用，期待更多的财税高手加入我们，共同打造一个民企财务咨询的大平台。

张金宝
于北京清华园

目录

民企两账合一实操手册

导言

顺势而为，方能致远

有一句话"顺势者昌，逆势者亡"，当我们了解了国家大势后，就应该知道顺势而为。互联网界有个词叫"风口"，就是站到这里，猪都会飞起来。那么当前的风口是什么？国家这几年来，会给一些热点词语，我们也可以通过汇总一段时间内频繁出现的热门词语来分析当下发展的趋势。了解发展趋势后，再反向分析财务应该怎么做。

我们看新闻时经常会看到这些词语：金税三期，营改增，六证合一，社保入税，电子发票，税银联网，个税改革，CRS，国地税合并，税务公安联合执法，信用黑名单，纳税人评级，网络爬虫，两票制……也是这些敏感词汇的出现，让企业更加清楚地知道自己企业存在的问题，开始走向财务规范化。

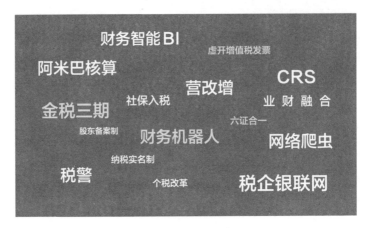

图导-1 大环境风险图

全世界都在谈论互联网思维。阿里曾提出"大数据"的概念，简单来说就是搜集和统计用户行为记录，更精准地分析偏好和行为习惯，从而更有效率地找到潜在客户，并进行推送。

那么可能很多人会产生疑惑，"信息化"这类事情已经喊了很多年，但是公司的财务工作实在是和大数据沾不上边。老板更关心的是，大数据能让财务为我创造价值吗？会计人员则觉得，大数据就是电算化，只能提升工作效率，谈不上影响财务行业。

在这里我可以回答，影响不仅有，而且是颠覆性的！

第一个重大影响，财务造假、洗钱、偷税被监察到的概率大大提高！

外部信息的可得性提高，在统计学基础上进行数据的挖掘与分析，会更加容易发现与企业相互矛盾的数据。

连续上演了"扇贝跑了""扇贝饿死了""年报不保真"剧情的某海洋水产公司因涉嫌信息披露违法违规，于 2018 年 2 月被证监会立案调查，并于 2020 年 6 月 24 日，做出行政处罚及市场禁入决定：对公司给予警告，并处以 60 万元罚款；对 15 名责任人员处以 3 万元至 30 万元不等罚款；对 4 名责任人采取 5 年至终身市场禁入。处罚看上去似乎是轻飘飘，但注意，这是原《中华人民共和国证券法》下，对公司及相关人员的顶格处理。

新《中华人民共和国证券法》大幅提高了对证券违法行为的处罚力度。如对于欺诈发行行为，从原来最高可处募集资金 5% 的罚款，提高至募集资金的一倍；对于上市公司信息披露违法行为，从原来最高可处以 60 万元罚款，提高至 1000 万元；对于发行人的控股股东、实际控制人组织、指使从事虚假陈述行为，或者隐瞒相关事项导致虚假陈述的，规定最高可处以 1000 万元罚款。同时，新证券法对证券违法民事赔偿责任也做了完善。如规定了发行人等不履行公开承诺的民事赔偿责任，明确了发行人的控股股东、实际控制人在欺诈发行、信息披露违法中的过错推定、连带赔偿责任等。

证监会表示，某海洋水产公司在 2014 年、2015 年已连续两年亏损的情况下，客观上利用海底库存及采捕情况难发现、难调查、难核实的特点，不以实际采捕海域为依据进行成本结转，导致财务报告严重失真。

调查结果显示，受虚减营业成本、虚减营业外支出影响，公司 2016 年年度报告虚增资产 13114.77 万元，虚增利润 13114.77 万元，虚增利润占当期披露利润总额的 158.15%，追溯调整后该年利润总额为 -4822.23 万元，净利润为 -5543.31 万元，业绩由盈转亏。

公司在捕捞记录中刻意少报采捕面积，通过虚减成本的方式来虚增 2016 年利润，可实际上公司采捕船去过哪些海域，停留了多长时间，早已被数十颗北斗卫星组成的"天网"记录了下来；证监会借助北斗卫星导航系统，对公司 27 条采捕船只、数百万条海上航行定位数据，进行分析，委托两家第三方专业机构，运用计算机技术，还原了采捕船只的真实航行轨迹，复原了公司最近两年真实的采捕海域，进而确定实际采捕面积，并据此认定公司成本、营业外支出、利润等存在虚假。

北斗卫星导航系统是我国自主建设、独立运行的卫星导航系统，其数据具有很好的时空特征，民用定位数据的精度在 10 米以内，能够记录渔船位置、航速、航向等，可以用于捕捞作业分析。

科技执法时代已经来临，你还敢财务造假吗？

金税三期的上线，相当于给企业安装了无形的监控与电子眼，企业账务风险、发票风险、预警风险越来越大，传统的税务稽查已经由"人查""账查"全面进入了大数据税务稽查时代。

"金三系统"不仅是一个税收系统，更是一张精心编织的巨网。金税三期系统会将购销发票进行交叉比对，你的进项就是别人的销项，一环扣一环，别人交税了，你才能抵扣。

金税三期电子底账，能够轻松地知道你的企业买过多少厂房、有多少台机器、买过几辆车、给车加过多少油（通过发票），通过同行业和供应链上下游比对还能知道你企业真实的利润、是否经营不善、有没有破产风险等。

企业购进、销售货物名称严重背离的，如大量购进纸张，大量开具劳保用品发票，都将会被大数据分析预警。

"金三系统"这张网越织越大、越织越密了，无论你是"大鱼"，还是"小虾米"，都不会成为漏网之鱼。

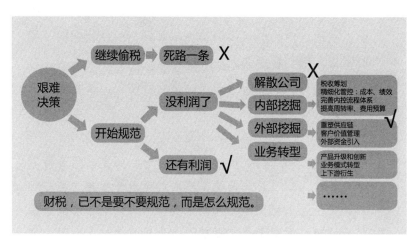

图导-2 财税规范决策示意图

有很多老板，还不知道税银联网的严重性。

郑州的一个学员是做学校食堂承包的，一个学生，一日三餐的收费标准仅 10 元。我听后问他，那你怎么可能赚钱，还得倒贴钱！结果学员说："张老师，我要是赔钱，现在倒不用这么急了！"

经过了解，该学员 8000 万元的银行存款、8000 万元的基金和价值 8000 万元的房产均未交税，一旦税务部门与相关部门联网，该学员哪个银行有账户，账户里有多少存款，分别什么时候存取，税务局一清二楚；你买了什么基金，什么时候买的，账户里有多少钱，税务局心如明镜；什么地方有房产，有几栋，甚至房产是什么户型，税务局都尽在掌握。

实际上，税务局不仅与银行、房管局联网，还可能与公安、民政、交通局、教育局、海关、金融部门、民航、铁道、电力、工商局等机构联网，所以我在线下课时常说，最了解你的人，是税务局！

有学员可能要说，张老师最会吓唬人，哪有那么可怕！是这样的吗？

2019 年 5 月 24 日，被执行人陶某的儿子报考航空院校，在《招飞对象及其家庭成员政治考核走访调查材料》中，要求招飞对象及其家庭成员所在地的法院出具相关证明，但由于其父母被列入失信被执行人名单，故难以通过招飞单位审查。

与教育局联网，老板家有几个小孩，小孩多大年纪，在哪里读书，是不是即将面临中考、高考以及公务员考试等，国家一清二楚！对于许多老板来说，影响自己事小，影响孩子未来事大！

税务局与民航、铁道等机构联网，一旦老板税务不合格，就会被限制出行。我在广州上课遇到过一个学员，他说他是从西安开车来参加我的课程的。我问他怎么不坐飞机、高铁呢，该学员面有难色，说是被列入黑名单了，啥都坐不了，只能自己开车。

可能有学员会说，我不怕麻烦，又不会有人跑到我面前来指指点点。但是，给生活带来的不便仅仅是这样吗？如果你在抖音视频里刷到了自己，你会有什么想法？

2019年6月6日，南宁市兴宁区法院在全国法院系统中首创利用抖音发布执行悬赏，该案被执行人周某俊就在其中。"我刷抖音的时候，看见了兴宁区法院发布的这条执行悬赏视频。我觉得很丢脸，周边朋友也都看见了。"

当天，被执行人周某俊与其妻子一同来到法院，表示愿意配合法院处置房产，并在笔录上确定了具体处置方案，为下一步处置房产节约时间。

现在是大数据时代，各大机关联网，老板以为自己隐藏收入，拒不缴纳，税务局就没办法的想法实在是太天真了！

传统电子发票采用税控码的方式防伪，即使电子发票上线，本质上防伪技术没有变化。而区块链电子发票，则深度结合了区块链技术，将发票开具与线上支付相结合，"资金流、发票流"二流合一，通过区块链不可篡改的技术，实现"交易数据即发票"。这样一来，既能避免开具发票填写不实、不开、少开等问题，保障税款及时、足额入库，而且通过区块链管理平台，还能实时监控发票开具、流转、报销全流程的状态，对发票实现全方位管理。

区块链发票虽然目前主要在深圳进行试点，但全国推行势在必得。区块链发票完全依靠算法，脱离人力，当你完成一笔交易后，这笔交易数据就是一张"发票"了，你的钱、支付时间和地点、支付方式都会被记录下来。

之后它会使用区块链技术，通过各种渠道，链接所有的人，包括你、你的客户、你企业的员工以及税务局等每一个发票干系人。信息透明化，不可篡改。

所以这样一张"区块链发票"，每个环节都可追溯、信息不可篡改、数据不会丢失。要造假，难！

税务公安联合执法，这个词是什么意思？

要是各位学员听完我的课后不往心里去，回家了还是继续做两套账，虚开发票，沿用以前错误的方式，有一天，警察来敲门说："查到你虚开发票，涉案金额××××，你收拾收拾东西跟我走吧"，你就顿悟了，原来这就是税务公安联合执法。

我们分享几个真实的案例。

2019年4月底，上海税警两部门联合，一举破获了"2·12"特大虚开增值税发票团伙案，金山公安、市税务局第一稽查局、金山税务局在普陀、嘉定等多个地区开展收网，初步统计涉案金额逾88亿元。

成立仅短短4个月时间，许某的公司就开出了7600多万元发票，获利100多万元，平均一个月能赚30万元。

法网恢恢，2019年9月，苍南警方还是获得了消息。在掌握大量证据的情况下，警方立即组织对许某开展抓捕。10月中旬，许某等人落网。

经查，许某等人从2016年8月至12月，在未发生真实交易的情况下，向下游企业虚开339份增值税专用发票，让上游企业为其虚开取得增值税专用发票327份，从中牟利。经统计，合计税额1600余万元，价税合计7600余万元。

许某一被抓，他的上游企业和下游企业也都要接受调查。我在内蒙上课时，认识了一个女老板，她就是因为下游企业虚开发票被抓，才急吼吼地来找我。虽然虚开的金额不大，也必须依法严惩。但是，也请各位思考这样一个问题：是图这眼前的利益，不得不用青春年华来交换，还是规范财务，清白赚钱？

2018年11月，安徽合肥公安机关根据税务部门移送的线索，摧毁了一个以邱某塔为首的犯罪团伙。经查，自2017年以来，该犯罪团伙纠集财务公司人员，大量注册空壳公司领购发票后大肆对外虚开。经深挖扩线，发现该团伙控制空壳公司1.1万余个，涉案金额达910余亿元！

实际上，财税新闻敏感词并不止上文提到的 6 个，还有营改增、个税改革、社保入税、两税合并、两票制、财务机器人、电子发票、电子货币、六证合一、网络爬虫、CRS、纳税人评级……

很多民企老板还停留在以前的年代，认为大家不都是在偷税吗？我偷税怎么了？大家不都是在买票吗？我买票怎么就有问题？大家不都是做两套账吗？我一套内账、一套外账这不是挺好的？

天罗地网已经铺开，财务规范迫在眉睫！

第一章

别让财务管理
拖了企业后腿

财务与业务脱节的
五个后果

在一些民营企业，经常会出现财务与业务脱节的状况，会产生什么样的后果呢？我总结了以下五种：

（1）财务核算结果失真，账务记录与实际出入较大，使公司失去持续开展精细化管理的基础，为公司未来走向资本市场设置了巨大障碍。

（2）管理层无法弄清公司真实的"盈亏情况"，甚至可能将亏损业务误判为盈利业务。

（3）失去可以准确、公正地计算高管层业绩奖金的标准，引起不必要的负面情绪和内部矛盾，削弱公司凝聚力。

某食品销售公司主要从事实体店食品销售。后来，公司研发了新的产品，将原有的营销模式改为分级直销，并且和营销总监签订了《入股合作》协议：营销总监以干股入股公司，享有每季度30%净利润分红。对营销客户采取团队分级分红、出货奖提成。

每个客户加入营销需要交纳20万元的代理费。客户发展下级客户，按此循环（不得超过三级）形成一个客户团队。当团队业绩达到一定数额后，按照不同的比例获得团队分红。每个下级出货，上数三级，每一级客户可以分别拿到 8 元、6 元、4 元的奖励。

该公司业务从某年 3 月 20 日开始，人为地把 4 个月算成一个季度，也就是每年的 3 月 20 日至 7 月 19 日为一个分红季度，以此类推。

财务部门的两个人一个管新产品的账兼出纳，一个管实体店的账兼出纳，老板夫人直接管财务。账目按流水账用电子表格登记，不分科目、不分账本且未采用复式记账。

经过两个季度的经营后，公司业绩提高了十几倍，也收取了大量的客户预交款。

但是在按照协议计算分红给营销总监时，出现了一些问题：营销总监自己计算的利润是一个数字，财务计算的又是一个数字。

财务是按照电子表统计的出货计算收入，以给生产厂家的付款减去现有的库存作为成本，减去费用计算利润。营销总监按照收到的钱（包括收到的客户预交款）减去成本、费用计算利润。结果，官司打到老板那里。财务认为预收客户的钱不应该算为利润，营销总监认为客户预交的钱也是业绩，也有利润，应该算进去。老板认可财务的说法，营销总监不服。最后，营销总监坚决要求按照自己的理解拿走了提成，辞职了。因为很多钱都是客户直接打给了营销总监，带走了大部分客户资源和骨干员工。

（4）引起内控失调，造成公司管理漏洞，账务丧失对经营过程的"控制性"。

（5）公司潜在风险剧增。

为什么财务和业务会脱节？是财务的责任，是业务的责任，还是老板的责任？民营企业的财务现状如何？存在怎样的隐患？会带来什么样的风险和危害？接下来，我将为大家详细分析。

财务管理的四个级别

1.流水账级（婴儿级）

现在，我们来看一下民营企业财务管理的级别。因为不同企业的财务管理处于的状态不同，所以我将民营企业的财务管理分为了不同的级别。

第一级叫流水账级，我也称它为婴儿级。一个公司在初创时，往往是没有财务人员的，通常由老板或老板娘记账。他们记的大多就是流水账。流水账主要记录收到多少钱，花了多少钱，别人欠我多少钱，我欠别人多少钱等。当把这几个问题记清楚后，随之出现的就是报税的问题。

这时要报税，是老板自己报，还是找个代理记账报呢？绝大多数老板会选择找一个代理记账帮忙报税。这些老板普遍认为自己的企业规模不大，没有必要聘请专职的财务人员。在这种情况下，代理记账的报酬是多少？300元或500元。那么，这个代理记账要做多少家企业的账才能够赚钱？

我认识的一个做代理记账的朋友一个月大概要做70家企业的账，一般是两人一组，做完互相审核。结果后来一忙起来，谁也没时间审核，大家就各做各的。同一套账，对老板来说是100%，对代理记账来说是1/70，做出的账目的安全就不能保证。于是就出现一种情况：老板给代理记账多少张票，代理记账就记多少账。如果老板给代理记账的票和实际不相符，代理记账很可能因为没有发现而做出假账。

所谓假账，就是与真实不相符的账。假设有人买了一批货，共计200万元，我们把货卖给了他，但他没有索要发票，导致真实的业务中有200万元的收入，但是外账，即报给税务局的账，是没有这个数据的。这个时候，就出现了与真实不相符的账——假账。

国家税收的环境与各个地方的税收任务完成情况有关。有些地方经济好，它的税收完成得特别好，环境就可能轻松一点；相反，有些地方企业数量很少，税收任务完成不了，税收环境就会严苛一点。但是在整个大背景下，我们面临四个字——放水养鱼。假如你去鱼塘钓鱼，钓到一条非常小的，你可能会觉得它太小了，根本没有钓上来的必要，等它长大了再钓不迟，于是直接把它从钩子上取下来扔回鱼塘去了。税务局也有同样的想法：你企业规模小，没关系，你现在偷税、做两套账就算了，我先睁只眼闭只眼，等你这条鱼养大了我再一次性收拾你。这就是放水养鱼政策。

2.糊涂账级（儿童级）

在分享案例之前，我们先探讨一个问题：为什么很多企业的账是糊涂账？

在一次《财务体系》课程上，我问学员：为什么很多企业的账都是糊涂账？学员们踊跃发言，有的说："很多民营企业不舍得花高价聘请专业的财务人员。"有的说："公司制度不完善，企业业务流程不清晰，财务取得的数据不精准，导致账是糊涂账。"有的说："企业初期的资金积累阶段，老板重视业务不重视财务，导致糊涂账和各种历史遗留问题。"

出现糊涂账的核心原因是什么呢？在我看来，是老板的决心不够！重视度不够！

我将这个层级的财务称为"儿童级"。当企业做到一定规模，流水账已经满足不了发展要求的时候，老板就会开始计划招聘财务人员组建财务部门。虽然这时企业的规模也不是很大，但再做流水账可能会导致资产的损失。

我有一个杭州的客户买了一台投影仪，结果过了两个星期，投影仪不见了。因为开完会后，没有人管理投影仪。这个企业还没有固定资产台账，整个账都是流水账，所以就会出现资产损失。

后来，这个客户组建了财务部，招聘来的财务人员按照会计准则，开始使用现代会计记账方法记账，我们把这段时期记的账叫作糊涂账。有可能招聘来的财务人员，在上一家企业就没有把账记清楚，到了现在这个企业，可能还会犯同样的错误。

糊涂账，涉及的不仅仅是财务人员的能力和水平的问题。

首先，根据一些企业的具体情况，我们把账目分为内账和外账。外账，可能是指一套账，也可能是指不同的账、不同目的的账。比如为了应付税务局，账要做得"瘦"一点；而企业为了贷款，这个账又要"胖"一点。除此之外，企业可能还会用各种各样的账应付税务。我们称这种账为外账。

相对而言，用于内部需要的账就叫内账。内账又可以分成两种：一种是糊涂的内账，一种是清晰的内账。也就是说，虽然内账跟报给税务局的外账的内容不一样，但是它至少数据完整清晰，完完全全能够应付企业经营管理的需要。老板需要什么数据，马上能算出来；给每一个员工和客户出报表没问题；要算每一个产品的毛利没问题；要算每一个产品的边际贡献及保本点也没问题。然而事实是，这种账太少了。比如老板买了东西，但没拿发票，他会不会选择报销？除此之外，报销的数据，跟发生的真实业务的数目是否相同也值得商榷。

某工业企业，使用原材料大约1000种，内部成本核算采用计划价，每月月底分摊材料成本差异。采购部为了节省资金，很多原材料都是欠款购入。原材料直接送达仓库，供应方未开发票，财务还未收到发票及入库单据，生产车间已经领用。结转成本后，原材料账面只有转出没有入库，或者是转出多、入库少，导致原材料账面结存为负数。税务局到企业查账，发现该企业原材料负库存较多，认定其为虚增成本偷漏企业所得税，责令该企业进行补缴并罚款。

民营企业在成长过程中，多数都是这种糊涂账。而这种糊涂账，也可以分成几种：一种是数据混乱的，即核算流程有问题，导致整个数据错误，财务与业务之间脱节。山东一家企业，由于没有盘点仓库，导致销售人员把货卖出去两个月后，财务人员才在打款、开发票时知道；发票到了财务部时，财务人员才知道原材料已经都被用掉了。数据的迟延导致账目失去准确性，从而给企业带来监管不力及舞弊腐败等漏洞。

还有一种情况是数据虽然对，但是太过粗糙，核算不够精细，只能看到大项，却看不到具体的某一项。数据粗糙有很多原因，可能是财务人员不擅长使用ERP软件，也有可能是老板要求不够严格。总之，账越粗，财务人员工作量越小；账越细，财务人员工作量越大。账目核算得足够精细，就能为企业决策提供很多参考数据，而比较粗糙的账，不仅毫无用处，还会导致企业走下坡路。

糊涂账的第三种形式，表现在老板看不懂报表的数据。这是老板的问题，还是财务人员的问题？有人认为是财务的问题，有人认为老板也有问题，还有人说两个都有问题：老板看不懂报表为什么不去学一下？财务为什么不做老板一看就能懂的报表呢？

所以我的课程分为两个阶段：第一阶段是对老板进行财务知识普及，让老板变成懂财务的老板；第二阶段是让老板带着财务总监，构建整个企业的财务管理体系。很多老板说上了我的课以后，发现看懂报表变得容易了。当老板开始习惯用数据做决策，他对于账目的要求就更高了。

3.一套账级（少年级）

事实上，很多企业的糊涂账还伴随着一种"家财务"的情况。在糊涂账阶段，企业有大量的资金是在老板或其亲戚的个人卡上。也就是说，财务人员在管理财务时，不仅要管理公司的财务，还涉及老板个人或其家庭的财务。当然有可能出纳或财务负责人就是老板的亲戚。当老板实在接受不了糊涂账，想把财务做得更好，从"财务"变成"公司财务"时，就会面临把两套账变成一套账的难题。

我在线下课上问过一个问题：财务负责人空降到一家做糊涂账的企业，该怎么办？重点在哪里？

有人认为是"财务人员岗位架构"，有人认为关键点在于"梳理财务相关流程",有人觉得"查看凭证,熟悉业务流程"比较重要……

我说:"财务负责人首先要做的,就是与老板进行沟通,转变老板的观点、理念。接下来才是梳理业务、熟悉流程等工作。要先把长期悬而未决的问题解决了,再解决其次的问题,循序渐进。"

在我看来,老板是公司的总设计师。想要什么样的公司,就设计什么样的公司;想要什么样的财务,就设计什么样的财务。

一套账,也可以称为规范级,或者我们用更形象的词来形容,就是"少年级"。这个层级的财务建立了基本的管理会计系统,能对业务提供支持,建立预算管理和成本管控流程。

虽然一些老板认为,不做两套账,可能会导致税收成本变高,但是通过系统的财务知识学习,他们会发现一套账也完全能够起到降低税收的作用。通过进行税务筹划,合法合规地做一套账也完全能够达到企业的要求。这时就真正进入公司财务的阶段。这个阶段相对来说是比较规范系统的,公司和个人是完全分开的。当然有些老板会犹豫,转不过弯来,但只要老板想清楚,就会开始强调财务的重要性。财务是整个企业的核心,只有用财务才能打通整个生产、采购、销售、人力资源和研发的环节,包括发展战略也是以财务为中心的。

曾经有一个老板问我:"张老师,我想让我的孩子接管我的企业。他现在大学毕业，我应该让他进哪个部门？"我建议这个老板让他的孩子先进入财务部工作两年，这样他就可以通过财务，更深入地了解研发、人力资源、销售以及投入、开支、流程等一系列问题，通过财务数据打通整个业务。

4.系统账级（青年级）

企业若是真的把财务当作重要的部门，当作重心，再往下走一步，就可以走到第四步了。第四步名为系统账，或者叫价值管理级，此阶段的财务是可以创造利润的。比如海尔、华为、IBM这些大公司，他们的财务已经能够为公司创造价值，建立了以企业价值最大化为导向的全面管理。

但是许多企业的财务还只是花钱的财务，只停留在结算工资、费用等，它没有定位到给公司创造利润这个高度上。我们管这种财务叫小财务，其主要工作就是做账、报税、增加现金流。

很多老板都非常疑惑，为什么财务部的员工天天加班，递过来的数据，却还是经常有问题？

有的老板认为，是自己招聘的会计能力不够，或者是没有工作计划，进度规划做得不好。"没有做到日清月结，没有及时做存货的盘点，就导致这个钱也乱套，货也乱套。"

财务人员呢，也觉得很冤枉。"岗位职责不清晰，有时候财务还要兼职干很多别的岗位的事情，活儿全堆在一起，就得加班干。""部门协调不通畅，出了问题就踢皮球，你踢我，我踢你，最后锅都扔给财务部。""没有合适的工具，干活慢。"

接着我问了一个问题："知道 Power BI（商务智能系统）这个软件的财务人员，举手给我看一下。"五百人的会场，只有孤零零的四只手举了起来。

与小财务对应的，是我们金财倡导的大财务，即老板财务。

大财务的核心是什么？是增加利润、降低风险、增加现金流。

大财务的具体工作内容要比小财务丰富得多，包括股权设计、治理结构、全面预算、战略管理、投资分析、融资上市、并购重组、分析报告、决策支持、成本管控、精细核算、内控流程、资金信控、业绩管理、税务筹划……大财务与系统账是一一对应的，不同程度的小财务则对应着账目的前几个阶段。

从流水账、糊涂账，到最后的一套账，再到系统账，这是随着企业规模的发展，财务管理必然的发展趋势。我建议，如果老板想要做一个公司，财务管理最起码要达到第三级，然后把目标定到第四级，不断向第四级发展。即使最后没有达到第四级，也是在去往第四级的路上。

账务管理的
五大要素

1.建账理由

完整的账务系统能帮助老板加强企业内部管理，及时了解企业的财务状况和经营成果，发现问题并进行财务控制。建账也是企业税收筹划的需要，比如企业在申请增值税一般纳税人资格时，税务机关都会要求其建立规范的会计核算，要能准确核算进、销项税额，及时进行纳税申报。关于建账的目的我们总结如下。

（1）满足企业外部了解企业财务信息的需求，比如股东、税务稽查部门、银行、政府等。

（2）企业管理的需要。完整的账务系统是加强企业内部管理，及时了解企业的财务状况和经营成果，发现问题并进行财务控制的需要。

（3）企业税收筹划的需要。比如企业在申请增值税一般纳税人资格时，税务机关都会要求其建立规范的会计核算，要能准确核算进、销项税额，及时进行纳税申报，否则企业很难取得一般纳税人资格。没有一般纳税人资格的企业在经营过程中会有很多不便，公司也难以扩张。

（4）将来上市的需要。完善的账务是企业上市的基本财务要求。

（5）分钱。落实激励政策，给高管分钱，给员工发奖金。

2. 账的作用

（1）确认功能。主要是通过对原始凭证的审核，对企业实际发生的经济业务做出进一步验证。

（2）计量功能。该功能的主要作用是对外购商品和自制半成品进行成本核算，并以此作为记账依据，在账务体系中加以记录，同时也是企业制定销售价格的依据。

（3）记录功能。主要是以原始凭证和成本核算为依据，编制记账凭证，并登记账簿。其中会计科目应以我国《企业会计制度》为基础，并结合企业实际情况进行设置。

（4）报告功能。主要体现在编制会计报表，财会部门定期将日常核算资料经过再加工整理和归类汇总，形成一整套反映经济活动及其成果状况的财务报表体系。

3. 设计原则

（1）定标准。将会计准则、税法、有关行政法规结合公司特点制定出建账标准，形成公司核算的"宪法"。

（2）定流程。根据企业特点梳理、优化出经营管理流程、股权结构，作为制定科目、单据、报表的依据。

（3）定科目。按照标准会计科目结合自身经营管理特点设计会计科目，并确定会计科目的级数。

（4）定报表。以财务三大主表为主线，按生产经营流程的特点，顺着经营流程延伸出内部管理报表。

（5）定单据。根据经营管理流程，遵循内部控制原则、业务和财务融合原则设定各种单据。

（6）易升级。财务账务的升级，其本质是企业内部业务和财务更高层次的协同，需要在建立账套初期优化好升级接口。

4.做账工具

（1）手工账。经营规模较小的、营业额在千万级以下的民营企业，可以选择使用手工账。但是，人工记账很难满足精细化管理需要，因此不建议采用。

（2）软件账。小企业可以先采用单机版财务软件，其优点是价格低、易操作，缺点是不能实现数据共享。建议大中型企业采用ERP系统、APS系统、MES系统。采用以上系统对企业经营管理流程规范性、标准性要求较高，业务人员、财务人员要具备操作知识。目前，大多数具有一定规模的企业均采用了以上系统做账。

5.常见误区

建账是企业初创和新的年度开始时会计工作跨出的第一步，在建账过程中，会计人员经常会出现以下四种错误。

（1）盲目建账。盲目建账又可以细分为不考虑企业经济业务活动特点建账、未根据企业管理的需要建账和没有依据账务处理程序建账三种。

不考虑企业经济业务活动特点。在建账时不考虑企业特点，业务、财务不融合，财务闭门建账，导致会计科目使用级数不够、无法反映经营情况、不能进行精细化核算或设置科目级数过多，导致核算烦琐等状况。

未根据企业管理的需要。比如有些企业往来业务中涉及"应收票据"和"应付票据"等事项，那么会计人员则必须根据企业的内部管理需要和会计制度的规定，设置辅助核算，对票据的到期情况等在辅助核算中进行反映。

没有依据账务处理程序。会计人员如果在建账时，没有考虑企业所采用的账务处理程序，则容易导致建账错误。例如单据设计不符合账务需要，导致明细账数据引用不全。

（2）建账不全。很多企业在新设立时，只是手工设立一本现金账和一本银行存款账簿，未采用软件核算，其他账务则用电子表格登记。而根据相关法律法规的要求，各单位在建账时都需要设立总账、明细账、日记账及其他辅助账簿，以此对企业的经营业务进行全面、详尽的反映和监督。

（3）结账出错。未考虑账套的可连续性。由于建账时缺乏系统分析，出现年度结账时各账套之间数据关系错误或在新的会计年度开始时无法新增科目级次等情况。

（4）科目错误。未按规定单独建账。比如职工福利费未单独建账，详细来说，一些企业将职工福利费设置为费用账中的二级科目核算，未设立单独科目进行明细核算。而国税函〔2009〕3号中明确规定了"企业发生的职工福利费，应该单独设置账册，进行准确核算"。

违规建账的法律责任及八大问题

2000年7月1日起实施的《中华人民共和国会计法》以明确的法律手段对会计工作的各个方面进行了规范。不规范建账是有法律风险的，因此企业一定要注意账务的规范性。

1.违法行为

根据《中华人民共和国会计法》第四十二条规定，有下列行为之一的，由县级以上人民政府财政部门责令限期改正，可以对单位并处三千元以上五万元以下的罚款；对其直接负责的主管人员和其他直接责任人员，可以处二千元以上二万元以下的罚款；属于国家工作人员的，还应当由其所在单位或者有关单位依法给予行政处分：

不依法设置会计账簿的；

私设会计账簿的；

未按照规定填制、取得原始凭证或者填制、取得的原始凭证不符合规定的；

以未经审核的会计凭证为依据登记会计账簿或者登记会计账簿不符合规定的；

随意变更会计处理方法的；

向不同的会计资料使用者提供的财务会计报告编制依据不一致的；

未按照规定使用会计记录文字或者记账本位币的；

未按照规定保管会计资料，致使会计资料毁损、灭失的；

未按照规定建立并实施单位内部会计监督制度或者拒绝依法实施的监督或者不如实提供有关会计资料及有关情况的；

任用会计人员不符合本法规定的。

2.法律后果

对上述会计违法行为的处罚包括责令限期改正、罚款、给予行政处分、吊销会计从业资格证书，情节严重者还将面临刑事处罚。

此外，还有一类违法行为为伪造、变造会计凭证、会计账簿，编制虚假财务会计报告，隐匿或者故意销毁依法应当保存的会计凭证、会计账簿、财务会计报告。

尚不构成犯罪的，由县级以上人民政府财政部门予以通报，可以对单位并处五千元以上十万元以下的罚款；对其直接负责的主管人员和其他直接责任人员，可以处三千元以上五万元以下的罚款；构成犯罪的，依法追究刑事责任。

3.八大问题

（1）内账、外账两张"皮"，年终分红、分利润无法确定分配基数，造成团队离心。

（2）财务数据混乱，无法做股权激励。

（3）亲兄弟，明算账，股东有多个，因为账而闹不和。

（4）账务混乱、两套账成为企业上市、并购、重组的最大障碍，无法做大做强。

（5）财务数据混乱，财务部门无法提供准确数据，公司无法做绩效考核，出台考核指标。

（6）无数据不管理，无数据不会议，无数据不决策。数据是错的，无数据支撑决策，只有拍脑袋。

（7）两套账就相当于赌博，不留痕迹的两套账是几乎不可能存在的，它让老板永远没有安全感。

（8）两套账导致存货、货币资金严重账实不符，债权债务不实；老板完全不清楚自己的企业是赚了还是赔了。

两套账的
风险与危害

不管是在流水账阶段，还是在糊涂账阶段，做两套账总是会有风险的。接下来我们分析一下，做两套账会给企业带来什么样的后果。

1.会计信息失真

首先，是会计信息失真。这个词听起来文绉绉的，实际上就是数据错误。数据一旦发生错误，就没有办法反映企业实际经营情况，什么事情都将无从做起。比如企业想要融资，但是决策是基于数据，利润核算不清楚就会导致决策失误。

曾经有一家企业，主要生产A、B、C三种产品。财务人员跟老板汇报说总共赚了3元钱，老板追问A、B、C各赚了多少钱。结果因为数据混乱，财务人员实在算不出来，就在无奈之下胡乱报了一个数据，说各赚了1元，"1+1+1=3"嘛。

老板挺高兴的，他想要把利润从3元提高到4元，于是拿着报表开始做决策。你们认为老板应该重点营销哪个产品才能提高利润？这个决策很难做，因为根据财务人员的报告，A、B、C三种产品的利润都是1元，不管把哪个产品的销量翻一倍，利润都能变成4元。最后老板把C产品的销量翻了一倍，结果利润不仅没有涨到4元，反而缩减到2元。通过分析数据发现，实际上三种产品中，A的利润是1元，B的利润是3元，而C是赔了1元的。现在把C产品销量翻了一倍，从赔1元变成赔2元，三种产品的总利润就变成了2元。

如果财务人员提供的数据是真实的，那么老板做决策时可能不会提高C产品的销量，他最有可能会增加B产品的销量，或者砍掉C产品，以达到提高利润的目的。这些错误和没有统计完全的数据，导致很多决策都没有办法做。

而且最关键的是，我们还面临内控的监督困难。面对错误和不及时的数据，即便中间有舞弊、腐败等情况，也很难发现问题。

2.财务风险过大

做两套账、多套账必然会导致财务风险过大，一旦被发现，财务人员和老板都将面临严重的处罚。

做两套账的公司老板、会计主管、会计，要负哪些法律责任？

根据《会计法》第四十二条规定：

私设会计账簿的，可以对单位处三千元以上五万元以下的罚款；对其直接负责的主管人员和其他直接责任人员，可以处二千元以上二万元以下的罚款。如构成犯罪的，将会依法追究刑事责任。

根据《会计人员管理办法》第六条规定：

因发生与会计职务有关的违法行为被依法追究刑事责任的人员，单位不得任用（聘用）其从事会计工作。

因违反《中华人民共和国会计法》有关规定受到行政处罚五年内不得从事会计工作的人员，处罚期届满前，单位不得任用（聘用）其从事会计工作。

两套账一旦被发现，最轻的也得处罚几千！涉及违法的，还得判刑！

曾经我分享过一个主题，名叫《老板如何"税"得香》。很多老板听完财务课以后，都感慨经营企业真的不容易，晚上睡觉睡不着。一次，我在东莞讲课，一个老板跑过来跟我说："张老师，你给我们讲课的时候，能不能别提这些，因为一听到我就会有胆战心惊的感觉。"

但是我提或不提，问题就在那里，并不会因为我不提，就不存在。新三板上市，虽然对企业盈利的要求不高，但是它对财务标准，包括后来的信息披露都有非常高的要求。

在我们整个做账的过程中，两套账给我们企业带来了许许多多的苦果。我会在下一章详细给大家分析两套账导致的我们企业面临的一些实际的账务当中的问题以及两套账会给我们企业带来什么样的后果。

工具

业务梳理与会计分录模板

据相关数据统计，全中国的会计分录一共有 129 笔，一家企业常用的会计分录也就是 40~50 笔。

但是，现在大部分民营企业都存在这样一种现象：同样的一家公司，不同的会计，会做出不同分录，最终导致企业的账务出现混乱，无法保持一贯性与持续性。

为了让企业的账更加规范，在不同的财务人员接管的时候可以顺利衔接，企业必须先要制定一套适合自己公司的模板，包括适用哪种业务，借方记什么，贷方记什么，并匹配相应的文件制度。然后，财务人员严格按模板执行公司的会计分录，公司的账就会越来越清晰，财务也会越来越规范。

表1-1 业务梳理与会计分录模板（示例）

单位名称：　　　　　版本号：　　　　　修订人：　　　　　修订日期：

主要业务	序号	细分事项	借方科目	借方辅助核算	贷方科目	贷方辅助核算	摘要	制度
备用金	1	提取备用金	其他货币资金-备用金		银行存款-xx银行			
日常费用	1	日常报销	管理费用-相关明细科目	部门	库存现金 / 银行存款-xx银行 / 其他应收款		xx报销	《报销制度》
固定资产	1	购买固定资产	固定资产-相关明细科目	部门	银行存款-xx银行		购买xx	《固定资产管理制度》
固定资产	2	提取折旧	管理费用-累计折旧	部门	累计折旧		提取折旧	编制折旧计算表
工资	1	计提工资	管理费用-工资 / 销售费用-工资	部门 / 部门	应付职工薪酬-工资		计提工资	
工资	2	计提社保（企业部分）	管理费用-社保-养老保险 / 管理费用-社保-医疗保险 / 管理费用-社保-失业保险 / 管理费用-社保-生育保险 / 管理费用-社保-工伤保险	部门 / 部门 / 部门 / 部门 / 部门	应付职工薪酬-社保		计提社保（企业部分）	
工资	3	发放工资	应付职工薪酬-工资		其他应付款（个人社保） / 应交税费-应交个人所得税 / 银行存款-xx银行		发放工资	
工资	4	交社保	应付职工薪酬-社保 / 其他应付款（个人社保）		银行存款-xx银行		交社保	
工资	5	交个税	应交税费-应交个人所得税		银行存款-xx银行		交个税	
采购	1	采购原材料	原材料-x材料 / 应交税费-应交增值税-进项税		应付账款	供应商	采购原材料	
采购	2	支付货款	应付账款	供应商	银行存款-xx银行		支付货款	
销售	1	预收	银行存款-xx银行		预收账款	客户		
销售	2	确认收入	预收账款	客户	主营业务收入 / 应交税费-应交增值税-销项税			
销售	3	结转成本 计提税金	主营业务成本 / 税金及附加		库存商品 / 应交税费-应交增值税-销 / 应交税费-城建税 / 应交税费-教育费附加 / 应交税费-地方教育费附加			

第二章

两套账及
财税原罪

透过报表
发现财税问题

　　一些民营企业在经营的过程中产生了各种各样的历史遗留问题（财税原罪），如果处理不好，就会一直延续下去，成为企业向前发展的阻碍。企业在未来上市或并购的过程中也是麻烦重重，甚至有的企业还将面临罚款、坐牢等一系列的问题。

　　现在一些企业为了避税和节税，习惯性做两套账。我们将他们报给税务局的账称为外账，将企业自己真实经营管理的账称为内账。如果企业没有处理好这两套账，就会产生一系列的问题。

　　深圳市某实业公司董事长和总经理合谋以"两套账"偷税，并授意公司的两名会计进行虚假纳税申报，其手法包括在账簿上少列收入、成本核算不实、挂往来账不结转等，在两年经营期间共偷税 60 多万元，所偷税税款已占其应纳税款额的 30% 以上。

　　龙岗区法院经审理后认定，这 4 名企业人员的行为已构成了偷税罪，该公司的董事长、总经理及两名会计共 4 人因采用"两套账"等违法手段偷逃税款 60 多万元，被龙岗区法院分别判处 1~3 年有期徒刑，并被处以 5 万~55 万元的罚款。

像这样的真实的案件，比比皆是。如果民营企业不重视，老板是否能承担后果？

同时，我想问老板一个问题：你做两套账，如果有一天税务部门来检查，你想过怎么应对吗？是否做过一个税务稽查的应对"演习"？

现在，我来给大家讲一个案例。这是一个经营医疗器械的企业，给税务局的报表的简化版。

表 2-1　企业资产负债表（简化版）

单位：万元

项目	金额
货币资金	58
应收账款	2100
其他应收款	1500
存货	35
固定资产	20
应付账款	720
预收账款	130
应交税金	6
其他应付款	2000
未分配利润	25

这个报表是一个真实的报表，通过数据大家能看出它是一个对外报表。仔细分析，大家会发现这个报表本身蕴藏了很多风险。税务行业有一句话："如果你将一个不安全的报表报给税务局，就相当于自己举报自己。"

税务局通过报表就可以看到你偷税漏税的问题。

我们来看一下这个报表，企业的月销售额大约800万元，这么算下来的话，这家企业的年销售额在1亿元左右，但是第一项货币资金是58万元。一个年销售额在1亿元左右的公司，只有58万元的银行存款，假设这个报表没有问题的话，就说明这个企业已经面临着严重的资金链断裂的问题。

接下来我们看第二个项目，应收账款2100万元，一个月的销售收入800万元的话，就意味着客户至少要占用企业的资金3个月。

再来看下一个项目，其他应收款1500万元。其他应收款与企业购买商品、采购原材料没有关系，它是企业在经营过程当中产生的其他应收款项。根据这家企业的报表，税务局很可能会怀疑企业存在股东或高管自己把钱借走的情况。

我们再来看存货35万元，一个年销售额1亿元的企业，账面上的存货只有35万元。如果是真的，那说明企业的周转速度也快得有点离谱！几乎每天早上进过来的货，当天下午就卖光了。这种周转速度只要税务局到他的企业去看一下，就知道是真是假了。或者进行存货盘点，这个问题也会暴露出来。

再接着往下看，这家企业的固定资产是20万元。一个年销售额1亿元的公司的固定资产只有20万元，这说明这个公司首先账上是没有车的，因为一辆车怎么样都需要十几万元。公司的账上没有车，那么老板有没有车呢？如果有的话，说明老板的车是以自己个人名义买的，也就意味着老板要先从公司通过资金分红或工资形式把钱拿走。那这个钱，老板的个人所得税交了没有？企业所得税交了没有？如果说都没有交，是不是就说明这个老板还有别的产业？

固定资产20万元，甚至可以意味着这个公司不仅没有土地、房产、固定资产、设备、车子，可能连笔记本电脑都没几台。那是不是存在这样一种可能，它实际上买了，但因为供应商没有给发票，所以它只能记在内账上，并没有记在外账上。这种可能性是非常大的！

再来看下一项，应交税金6万元，一个月的销售收入是800多万元的企业，它的税金只有6万元，交的税是不是太少了？税负率到底有没有达到税务机关的最低预警值？

报表显示，这家企业的其他应付款2000万元，是什么原因导致它的其他应付款这么多？一个月的销售收入才800多万元，是不是存在账外资金回流的情况？是不是存在先买发票，再卖发票，最后资金又打到公司个人卡上，个人又把钱借给公司这种情况呢？

最后我们再来看未分配利润25万元，当然有可能是已经把利润全分光了。但是未分配利润25万元，是不是意味着企业今年的利润就是25万元，这个就值得探讨了。

这是一个企业真实的资产负债表，大家通过简单的分析就可以看出很多问题。其实很多民营企业的财务问题，在自己的报表当中都能够体现出来。

类似的历史遗留问题，我们总结出了15个比较常见的。我把这15个历史遗留问题跟很多的老板分享的时候，他们大都说："张老师，这些问题我的企业基本上全有！"

两套账的
五大内部管理问题

1.公私不分

什么叫公私不分？

公私不分是做账过程中十分常见的一个问题。这个"私"不是指公司、集团、有限公司的"司"，而是指私人的"私"。一些企业存在所有者公私不分的问题，老板认为企业是自己的，企业资产就是自己的资产，殊不知，企业是个完整的民事法律主体，与老板个人是相互独立的。由于这种思维的存在，公司与公司所有者之间随意进行资金往来，随意报销费用，账务核算混乱，把所有者个人当作平衡账户的"口袋"。

曾经，有一个江苏的老板跟我说："张老师，我现在买了一套房子，首付是用公司的钱买的，每个月还贷款也是用公司的钱付的，但是房产证上写的是我个人的名字。"为什么要用老板个人名义买呢？因为个人名义方便贷款。

那么，认为这个房子到底属于公司还是属于个人呢？毫无疑问，这个房子是个人的，因为根据法律规定，房产证上写了谁的名字房子就是谁的。

在实际企业财务处理的过程当中，这样的情况就视同于公司给股东分红。比如首付 300 万元，就相当于公司给股东分了 300 万元，然后股东拿这个钱去买了房子。但是这 300 万元，是要交个人所得税的。虽然老板在公司有百分百的股份，但是公司和个人是两个主体。

有些老板个人的钱和公司的钱是分不清楚的。但是我们知道，一般的企业最少都有两个股东。老板、老板娘这算一个，还有一个是谁呢？是国家，国家是我们每一个企业不记名的股东。因为每家企业都要上缴 25% 的企业所得税，这相当于国家在任何一家企业都占了 25% 的干股，而且还拥有优先分红权。既然这个国家是我们不记名的股东，就意味着我们赚了钱，也要给这个股东分红。而且是先把属于国家的税缴完，剩下的钱才能用来给自己和其他股东分红。

我简单地给大家算几笔账，如果企业赚了钱，我们缴完增值税，扣完各种成本后还剩下 1000 万元的利润。这 1000 万元的利润，我们先要交一个 25% 的企业所得税，即 1000 万元 × 25%=250 万元。交完企业所得税以后，如果我们要把剩下的钱作为分红拿走，还要交 20% 的个人所得税，此时应纳税额 =（1000 万元 -250 万元）×20%=150 万元。

我们交了 250 万元的企业所得税和 150 万元的个人

所得税，加起来是 400 万元。也就意味着我们在去掉增值税、成本等支出以后剩下的 1000 万元的利润，还要交 400 万元的税。

再举一个例子。你请张老师吃了一顿饭花了 1 万元，叫作业务招待费。股东问：你自己吃了没有？你吃了多少，张老师吃了多少？如果张老师吃了 60%，你吃了 40%，即 4000 元的，这 4000 元中，国家还占有 25% 的股份。所以，4000 元乘以 25%，还要补给国家 1000 元。这个也叫业务招待费的扣除标准。

别说公司赚了钱，就算没赚钱，公司还有股东，老板想要把钱从公司拿走，或者动用公司的财产，也要考虑一下其他的股东的感受，就算是亲兄弟合伙做生意也是要明算账的。

所以我说，我们企业至少都有两个股东，但是很多企业没有把国家这个股东考虑在内。他们认为这个企业是自己的，公司的钱都是自己的，想拿走就拿走。公司没钱了，就从自己卡里打些钱到公司。这种情况在一些民营企业中非常常见。公私不分有什么后果？

公私不分，有时相当于把一个有限公司直接变成了无限公司。但是在实际运作过程中，老板经常公私不分，赚了钱就拿回家，导致家跟公司分不清。如果有一天公司出了什么问题，这些钱统统都要还回来。

我曾经碰到一个宁波的老板。老板本人没来，是老板娘过来上课。下课后，她把我拉到一个教室的角落里说："张老师，我老公上周刚从监狱里出来。"

原来，他们经营的企业效益一直不错，年营业额达十几亿元。而现在业务大量萎缩，一年的利润大概只有四五百万元，但是银行贷款加起来有两亿多元，这里面还有大量的高利贷，一年光还利息都要 1200 万元以上。现在，老板家的财产基本上都被抵押了，一旦宣布破产，全家连住房都不能保障。

我问她，除了这个企业，她还有什么个人财产？老板娘想了想说，她大概还有 200 多万元的私房钱和之前给孩子买的 200 万元的保险，除此之外，就没有什么了。

我举这个案例是想提醒各位老板，公私分开是非常重要的。

公私不分有何表现？

公私不分，不仅体现在资金上，还体现在费用上。

企业老板为了形式上少交税，将不开发票的收入直接放入个人卡，不能报销的个人费用，直接计入公司成本费用。无论是资金上的公私不分，还是费用上的公私不分，实际上不仅存在很大管理问题，还存在税务风险和法律风险问题。

资金往来因未按借款程序处理，存在补税风险，同时还是税务稽查企业是否存在账外收入的重要线索；费用的公私不分，导致公司"列了不该列费用，没有列该列费用"。

我举个例子，老板去打高尔夫球，花的钱要不要在公司账上报销？老板自己家的房子装修，要不要在公司里面报销？有一次，我在义乌碰到一个老板，他自家房子装修，就让他的司机到公司报销，结果财务不同意。于是老板又安排他的秘书来公司继续报销，这次没说是家里的费用，就说是公司的费用，财务就只能报销了。公司列支这些东西的费用，其实最后都会成为税务局查账风险的依据或稽查的线索。

所以这件事情是需要去思考和设定的。老板有两个身份，除了是公司的股东，还是公司的打工者。老板必须要清楚，他的第一身份是股东，第二是员工。你在公司投资了，占有公司的股份就是公司的股东，能够拿到公司的分红。有分红就有钱赚，但是，是不是所有的股东都应该光靠分红赚钱呢？事实上，95%以上的老板基本都不拿工资或奖金，只靠分红。那么，如果公司没挣钱他基本就没钱拿。因此，老板的"公司100%是我自己的，所以我拿不拿都无所谓"的观点是错误的。

假如一家公司一年盈利100万元，老板、老板娘两个人都去打工，夫妻俩每人都能赚到50万元年薪。如果这100万元算入公司的成本里，因为相当于聘请了老板和老板娘两个高管，把这100万元工资付掉，公司的利润就是0。

但是一些企业不愿意这么算，主要是不想支付个人所得税。老板不愿意交个人所得税，所以就基本不给自己发工资。不给自己发工资，就只有等分红，但是分红也要交20%的个人所得税，最后他就只能通过第三种途径——违法手段来获取资金。违法手段分为两种，一个是借，"借"本身不违法，但是借了不还，要么就涉及补税，要么就是抽逃注册资本金。还有一种是买票的形式，通过买发票来增加公司的成本，把钱拿走，或者叫拿票来套现。实际上东西并没有真买，只是那笔钱最后到了老板的个人口袋。这些做法都是非常有风险的。

老板清楚地知道自己既是员工又是股东，所以老板拿钱，应该是按照市场价拿员工的工资。比如你在企业上班，一年应该拿 50 万元，那你就应该从自己公司拿50 万元。这 50 万元，不一定全是工资，可能是一部分工资，一部分奖金，可以拆分一下，但是千万不能不给老板发工资。还有一点要注意，在公司报销，就要完完全全走员工的流程，不能因为是老板，就随意报销。

比如我现在是金财咨询公司的董事长，同时也是公司的员工。我收入的主要来源不是分红，而是我给金财公司打工的工资以及讲课的课酬、劳务费，还有去谈咨询案的提成。那么既然我是公司的员工，也涉及报销的问题。我前段时间去上海办了一点私事，这个时候往返上海的机票，我能不能在公司报销呢？我们的约定非常清晰，个人费用就只能是个人的，不能在公司报销。这就是严格地区分了员工与股东。

财务总监也要根据老板的实际情况，制定出相应的流程方法，还有就是要对账面进行盘点，看一下历史当中是否有老板跟公司扯不清的问题，及时把它纠正过来。

那么，我们应该如何解决呢？

（1）拒绝公私不分的情况，拒绝通过个人银行卡结算。

老板要从思想上和行动上向财务总监表明，企业家要首先是员工，其次才是股东，无论资金往来，还是费用报销，均要按公司规定。

（2）规范缴纳个税，如实申报个税。设计工资的合理发放方案，解决老板个人用款。

（3）将公司长期挂账的预收账款一次性结转收入，申报纳税。

有老板可能就要问了，个人卡的原罪已经存在了，有没有什么清洗的方法呢？我们来举例说明。

（1）梳理出所有未在税务局登记备案的个人卡明细清单。根据了解，现阶段主要有 10 张。

（2）针对个人卡交易频次高，且交易金额大，年度个人交易总额大于 500 万元，且未在税务局备案，不能正常解释流水的问题，建议实施尽快注销；对有历史遗留问题的个人卡，也建议注销清理。

（3）因业务发展需要，不能一步到位，需要先实施个人卡收款，可考虑开设新卡，新卡户主建议更换；交易业务量采取逐步过渡方式。

（4）规划好业务，将私人卡交易额逐步减少，甚至取消；走合法经营路线。

（5）注意几个关键数据：单笔交易达到 5 万元或公私互转达到 20 万元，会被列入金融监管异常数据。

（6）尽量不要使用老板、老板娘、财务人员或股东等敏感人员个人卡，因为这样风险会更大。

单位：万元

表 2-2 某公司个人卡清单基本情况表

序号	卡主	卡号	银行名称	时间跨度	流水情况	主要事情
1	A	XC1	交通银行	2018 年	13,000.00	房租，员工工资，设备维修费及耗材，管理费用，票平账，理财等
2	A	XC2	农业银行	2018 年	200.00	电信费扣款，部分现金客户收款
3	A	XC3	工商银行	2018 年	100.00	部分现金客户，票平账
4	A	XC4	中国银行	2018 年	1,500.00	理财账户
5	A	XC5	农村商业银行	2019 年 1~6 月	300.00	以前是个人用，现在票转入
6	A	XC6	平安银行	2019 年 1~6 月	200.00	票转入
7	B	XL1	交通银行	2018 年	4,800.00	房租，员工工资，设备维修费及耗材，管理费用，票平账，理财等
8	B	XL2	农业银行	2018 年	60.00	电信费扣款，部分现金客户收款
9	B	QZ	工商银行	2019 年 1~6 月	40.00	房租，设备维修费及耗材，管理费用等
10	B	PLK	农业银行	2018 年	230.00	房租水电，现金费用
11	B	XF	工商银行	2019 年 1~6 月	800.00	房租，员工工资，设备维修费及耗材，管理费用等
12	B	个人工资卡	中国银行	2018 年	400.00	个人工资卡，但是跟微信绑定，也要接收现金客户货款，从微信转入该卡后转入交通银行

2.内部借款

前面已经讲过，有的老板不愿意交个人所得税，于是就直接把钱从公司借走，财务也不知道应该如何做账，只好挂往来：其他应收款——老板。老板越借越多，导致其他应收款越来越大。

内部借款，就是股东向公司借钱，超过 12 月 31 日未归还且没有用于生产经营目的的借款，则视同分红。这是国家针对很多老板喜欢把钱借走，但是从来不还的情况而制定的。而且，内部借款会导致其他应收款一直没有办法消耗掉，一直往后遗留。这是税务局在查账过程中，非常容易切入进去的。

有的企业是在工商注册的时候，直接把钱借走了。比如注册资金 1000 万元，但是账上可能只需要 20 万元的资金，于是他就把 980 万元的资金以借款的形式借走。直接把注册资金借走，在以前涉嫌抽逃注册资本金的问题，现在又涉及一个视同分红问题，即股东在年初向公司借钱，至年底 12 月 31 日没有还，也没有用于生产经营，就等同于股东"分红"，要缴纳 20% 的个人所得税。逾期一定时间，还要缴纳滞纳金。

在安徽合肥，有一家企业的股东把注册资本金借走了，但在税务局来查前，他已经把钱还回来了。结果还被税务局认定为视同分红，要交 20% 的个人所得税。在最高法院审核的时候，因为这个企业账上没有利润，因此判定企业还没交的，不交了；已经交的，也就不退了。

那么，企业该怎么解决内部借款呢？

第一个方法，非常简单，还回来。那可能有的老板就要说了，正是因为没钱，才借走的，钱都被花掉了，哪里能还呢？那如果我没钱还，还别的行吗？可以还物，具体来说，可以是房子、车子、设备……这些都是可以的，但我建议，最好是先把钱还回来。把钱还给公司，公司就有钱了，公司再拿着钱，去买老板的物，这样会更好。不然还会涉及物品评估等一系列的麻烦事。

第二个方法，就是借还轮回，即在12月31日前还回，再借走。比如12月25日还，1月5日借走。借了还，还了借，每年都要这么倒腾一次。

随着时间长了，这个问题会越来越严重。比如我们每年都赚1000万，十年后赚一个亿……这个工作量可就不小了，你把这一个亿还回来，虽然也只是在账上存几天再借走，但大家都知道，12月底的时候，银行都闹钱荒啊，你要是有一次忘了还，1个亿乘以20%，2000万就被税务局拿走了，所以这也不是特别好的方法。

第三个方法，借款处理。最好是不要股东借款，找个外人借款，把原来老板的钱还回来，再用一个新的人把钱借走。要签订合同，合同上要写清关于利息的规定，当然，利息我们还是要交税的。注意一定要非股东的外人，视同分红是有限定条件的，股东借款，才会视同分红。这个方法有四个关键点，首先，不允许股东，或财务，或老板亲戚等个人借款；其次，可以借给非股东，或者关联公司；再次，要形成银行的流水记录；最后，要有借款的合同和利息。

第四个方法，我们可以做一些适当的坏账，比如企业的哪个员工借钱，然后这个员工辞职了，现在找不到了，所有的联系方式也联系不上了。那么，这时，我们可以在账务上做坏账处理。但要注意，公司的利润要足够高，要是坏账最后把你坏得亏损了也不行。

第五个方法，对外投资失败。老板把钱用作对外投资，过几年，这个项目赔了，所以我们对外投资的钱打了水漂，这是非常正常的。如果真的投资失败了，在确认我们的投资收益的时候，投资损失可以用来抵减利润，少交企业所得税。

3.买卖发票

有的企业是买增值税专用发票，有的企业是买普通发票。原来有营业税的时候，也有买营业税发票的。现在营业税取消了，只有增值税的普通发票。

曾经有一个做食品企业的老板，已经在全国开了上百家分店，主营蛋糕、面包等食品，产品做得非常好吃（其中有一个产品叫"铜锣烧"，我非常喜欢）。就因为购买一台"加工设备"时不小心触犯了红线，涉嫌"虚开增值税发票"，最终被判了刑。

有的企业购买发票是为了少交企业所得税，利用购买的发票抵扣进项和成本。还有的企业是为了减少增值税，因为企业的销项比较大，进项比较少，或者进项缺少发票，所以购买增值税专用发票作为进项抵扣销项增值税。因此买卖发票的企业主要有这么几种：客户不要发票的企业，如客户基本是个人或个体工商户的；进项比较少、销项比较多的企业；进销差价比较高的企业，如医疗企业和医药行业；税负比较高的企业。

有一个成都的学员找一个公司买材料时没有谈好发票的问题，结果这个公司不见了。没办法，他又找另外一家公司买了1000万元的发票。现在他听说卖发票给他的企业被税务局查出问题了，他想知道他购买的这1000万元的发票还能不能用。如果不能用的话，他的公司就面临着巨额的企业所得税的问题。

很多企业在处理税务的过程中，想当然地买卖发票，实际上这种做法已经严重威胁了民营企业的安全。要知道虚开增值税发票，要承担严重的法律后果！

增值税专用发票虚开的判刑方式：虚开数额5万元起刑；5万~50万元，判处3年以下有期徒刑；50万~250万元，判处3~10年有期徒刑；250万元以上，判处10年以上有期徒刑或无期徒刑，每增加1万，增加1个月有期徒刑。

实际上，老板不仅自己要有不能买卖发票的意识，此外还要小心财务人员、销售人员私下对外买卖发票。苏州某挖土机办事处，就出现了员工瞒着老板买卖发票的情况，结果总经理、销售经理和财务经理三人纷纷被抓。

那可能有老板看到这里就有些着急了，什么情形才算虚开发票呢？票流、物流、资金流、合同流不一致，即涉嫌虚开。

比如打 100 万元过去，开 200 万元票过来，算虚开；打 100 万元过去，开 100 万元的票回来，再把 95 万元还给我，也算虚开；买 100 个麦克风，开 200 个麦克风的发票，也算虚开；A 公司买 1 万元玩具，在公司报销，财务经理拿回家给孩子玩，也算发票虚开。

这个问题，我在线下课程讲得比较详细，在这里就简单概括一下，虚开发票有四种情形：

第一种，为他人虚开，换句话说就是卖票。比如中山某空调批发企业，进项 2 亿元，销项 0。

第二种，让他人为自己虚开，换句话说就是买票。比如义乌某企业，进项 100 多万元，销项 500 多万元。

第三种，介绍他人虚开。我曾接到一个电话，北京某民宿老板因介绍住户虚开发票，结果被抓。

第四种，自己为自己虚开。这个情况多出现于农产品收购。

针对买卖发票这个原罪，我也简单给出三点建议。

（1）要终止虚开发票。做生意要有底线和原则，不该触碰的，就不要碰。要形成一个严格的公司的发票管理制度，我建议财务部墙上张贴《虚开发票的判刑标准》和《禁止员工虚开发票》的规章制度。

（2）严格控制四流一致，或者通过改变交易对象的方法，使之符合四流一致。哪四流？物流、票流、合同流、资金流。

（3）资金流不一致时，要有三方抵债协议，或让公司出具盖有公司公章的委托收款协议，或对收取的现金开具收款收据。

4.长期挂账

这种情况很有可能是企业买发票时，票买进来了，货款却不用付，只好挂在"应付账款"上。买票越多，金额越来越大，最后导致在财务账上留下的"后遗症"无法消除。

比如，A公司缺少增值税进项发票，他找B公司买发票，谈好的税点是5%。现在A公司要买100万元的发票，那A公司给B公司打100万元还是打5万元？以前A公司买发票的时候都是直接打5万元过去，然后B公司就给开具一张100万元的发票。A公司这个时候账怎么记呢？就记"欠B公司——95万元"，也就是"应付账款——95万"。这95万元的应付账款，就一直挂在账上，因为B公司根本不需要。时间长了，这个应付账款一直消不掉。

后来企业买发票的方式升级了，升级成什么呢？

A公司找B公司买发票，A公司不会只打5万元过去，他会打 100 万元过去。B公司给A公司开 100 万的发票。这时A公司就不会再产生 95 万元的应付账款，但是B公司收到了A公司的 100 万元资金，先扣掉 5 万元的税点，然后把剩下的 95 万打到A公司的个人卡上。于是A公司的个人卡就多了 95 万元。

大家算一算，如果A公司又买了 100 万元的发票，个人卡就会又多出 95 万元。当A公司买了 10 次 100 万元的发票时，其个人卡就多了 950 万元。现在公司再需要买发票，或者再需要买原材料时，发现公司资金不足了，因为钱都到了老板的个人卡上。于是，老板就把自己个人卡上的钱打到自己的控股公司。这时，A公司的账怎么记呢？只能记"其他应付款——950 万元"，这就是买发票导致的其他应付款过大。

这个原罪如果不消掉，则问题永远存在，像一颗毒瘤。如何解决呢？我简单提示三点：

（1）转营业外收入，增加利润，增加企业所得税。

（2）实际支付，再想办法把钱要回来。

（3）通过银行，形式上支付。

5.商业回扣

还有一个常见的历史原罪——商业回扣，本质上也是无票支出的问题。

商业回扣问题，涉及与国有企业或机关单位打交道的民营企业。比如工程公司、医疗器械、医药行业等毛利高的行业，这些行业都涉及回扣问题。

回扣问题有两个风险点：第一，商业回扣实际是商业贿赂，有法律风险。比如金财某学员，给某企业高管送 120 万元业务介绍佣金，后两人均被抓。第二，实质是无票费用支出，且未扣税。就是我们要把钱拿出去，但是没有发票回来，没有成本票就意味着要交 25% 的税。所以，商业回扣问题带来的巨额税款的问题，如果处理不好的话，也会成为我们民营企业的一大原罪。

那么，我们如何解决这个问题呢？我也简单给出三招建议。

第一招，就是不干了，就此收手，终止，转型。那肯定有老板要说，我就是必须得干啊，不这么做我没有收入啊，要是能不做我肯定也不做，现在硬着头皮做还不是因为不得不做。

第二招，就是找敢死队，或者说我们把风险转嫁出去。比如我们直接成立代理商，或者用周边的卫星公司来处理。

第三招，是设立一些小门店、个体户，用账外资金来支付。

两套账的
四大外部管理问题

1.账外资金回流

有的企业，经常为了做两套账买发票。买发票最后就出现了很多问题，比如100万元打过去，100万元票回来。95万元打给老板个人卡。买了10张发票，就是950万元。公户没钱了，怎么办？把个人卡的钱借给对公账户，就形成其他应付款。

还有一种情况是卖产品，有很多客户是不要发票的，就把这些钱放在了个人卡上，这个时候就导致账上的钱少，个人卡上的钱多。一旦公司缺钱的时候，就要把老板个人的钱拿回公司来。比如用100万元买材料，120万元卖给客户，客户不要发票，钱打进个人卡。10笔业务后，个人卡就有了1200万元。公户没钱了，怎么办？把个人卡的钱借给对公账户，形成其他应付款。

我们在东北有一个做农资的客户，他一年的销售额大概有1亿元，利润高达60%。他跟我说，很多农民经销商买农资的时候，都不愿意让把钱打到公司的账户，也就是不公对公走账，大量的钱就进入老板的个人卡。一年1亿元的销售额，导致个人卡流水比较大。

在中国有一个罪名叫作"巨额财产来历不明"。即使你拿着这个巨额的资金去买房子或投资成立公司，如果税务局在未来的某一天问你钱从哪里来的，你是不是就说不清了。

而且一旦借钱给公司，又会出现什么情况呢？它用不用还这笔借款呢？我一直借，一直借，数额越来越大，这其实也是属于税务在查的过程中，非常容易查的。

还有一个原因，就是隐藏收入。比如大连某公司，年营业额6000万元，其他应付款1亿元，注册资金1亿多元……这个数字多吸引税务稽查的眼球，风险多大！

有的企业会怎么处理呢？它会搞两个账户，一个叫账号一，一个叫账号二。公司买材料的时候，是用的账号一打的款，当这笔钱回来的时候，可能是用的账号二来接收。在记账的时候，账号二可能是个秘密账户，账本上只体现账号一，不体现账号二。但是这样操作，非常容易被税务局识破，只要去银行打印一下所有账户，就能发现你的所有账户，而你的外账上只有账号一。这样一来，风险就来了。这也产生了一个问题，叫货币资金账实不符。

货币资金账实不符，就是外账上的货币资金与我们实际的货币资金的流水是不一致的。这个不一致，一方面是我们有的企业老板用了个人卡收账的原因，另一方面，可能是因为大部分企业都有基本户和一般户的分类，而一般户就没有记到我们的外账上去。

公司向股东借款，长期挂着往来，一直没办法消掉。所以，我们也提供几种方法。

第一种方法，是直接用我们公司账面上的资金还给老板。当然很多人会说，张老师，正是因为我账上没有钱，我才跟股东借呢，哪来的钱还呢？如果有钱，就先把欠款还掉。没有钱，我们还可以想第二种。

公司从外部，其他人那里借款，不要借股东个人的钱，最后再还给股东，换一个借款的对象。当然这个里面，我们要把合同、现金流、打账来回的记录都塑造好，日期也要对应上，合同定好付款的利息。这个利息我们还要交一点税，这个是我们的第二种方法。

当然，还有第三种方法，叫增资还回。你缺钱的话，股东给你增加注册资本金，最后你再把欠股东的钱还掉。

第四种方法，也是根本的解决方法，就是要改变原来的账务处理方式。如果一直不改变，就像毒瘤，会越积越大。

现在很多企业，刚开始成立的时候，注册资本金是100万元，后来运作得越来越大，做到几个亿的时候，它的注册资本金还是100万元或200万元。虽然没有严格的要求，注册资本金必须是多少，但是应该跟公司的规模有一个大概的匹配。所以在适当的时候，加大增资，这样账上就有钱了，然后再还掉这笔钱，这也是账目外资金回流的一个方法。

2.存货账实不符

存货账实不符就是你仓库里的货，跟你实际上账上的货对不上。有的企业是账上的货多，仓库里的货少。有的企业则是反过来的，仓库里货多，账上的货少。这些都叫存货账实不符。许多企业，表面上税负降下来了，实际上把风险全部转移到存货里了。

曾经有一个老板跟我聊天，他说："张老师，在我看来，公司的那些存货就不可能对得上。我经营企业十几年了，存货从来没有对上过。"

我说："你没对上并不表示存货就永远账实不符，不表示别的企业就一定账实不符。"他这句话也透露了民营企业财务管理的一个现状。

但是我说的存货账实不符，是由于有意地去偷税避税造成的"后遗症"。存货账实不符，是很多税务局到企业进行盘点时容易发现的问题。

某税务检查组去从事农产品收购及初级加工的甲公司进行例行检查。通过检查前的案头分析发现，甲公司近几年来不仅一直是微亏或微利，而且增值税税负几乎为零（甲公司的进项税和销项税税率均为 13%）。检查人员自然联想到甲公司是否可能先虚假收购农产品原材料抵扣进项税，然后再通过领用打入生产成本、产品成本和销售成本而达到降低利润的目的。但是，待检查人员检查后发现，甲公司从专用收购凭证的领购和使用，到收购农产品的入库及收购款的支付，再到进项税按规定申报抵扣等多个环节，其手续和凭据都完整无缺，均无异常。甲公司财务科长老张解释说，近几年来原材料价格和工人工资一直在上涨，但产品价格未能同步上涨，而且销路也不好，所以增值税交得少且没有利润。

但检查组长老李觉得不能就此简单下结论。他一方面请检查人员仔细检查收购凭证上填开的姓名、住址、身份证号及收购数量、金额等内容，另一方面请财务科长提供两项数据，一是所加工农产品的产出率，二是每吨产成品中原材料和工资各自的比重。

在老张准备这两项内容时，老李分别走访了公司的成本会计和两位车间主任，对产品的产出率及每吨产成品中原材料和工资的比重做了初步了解，当老张将有关数据提供给老李时，老李发现与自己了解的情况差异很大，产出率明显偏低，产品成本中原材料的比重也明显偏大。最终，老张积极配合老李，重新得出的两项比率均在老李了解的范围之内。

但是，就老李分析，仍存在不少疑点，老李请老张解释三点疑问：一是根据所加工农产品的产出率，倒算出每吨产成品成本中原材料的耗费额仅为45%，即使考虑消耗的其他增值税扣除项目，就是按照成本价销售，最起码也有40%左右的增值率，即每按成本价销售一吨产成品，至少也应该缴纳约5%（13%×40%）的增值税。再者，由于该农产品属于劳动密集型产品，人工耗费较大，每吨产品成本中工资额就占了约40%的比重，即使不考虑其他非增值税扣除项目的支出（如房屋折旧），同样得出每按成本价销售一吨产成品，也应该至少应缴纳约5%的增值税。另外，从销售价和成本价分析，甲公司实际上还有20%多的销售毛利，即增值税的税负至少应该达到6%［5%×（1+20%）］才合乎情理，但是，甲公司的实际增值税税负几乎为零，从未达到过1%。

老张听后说，他不懂这套理论，只知道实际情况是没有增值税也没有利润，尽管老李意识到老张在装糊涂，但还是很耐心地请老张继续从他自己认为的角度解释为何没有增值也没有利润。老张说，最主要的问题就是销售量上不去。老李反问，从公司抵扣了大量进项税说明购进的原材料很多，既然销售不好，为何还要购进大量原材料呢？老张坦言，就是为了少缴增值税，实际上现在大量的产成品还积压在仓库。老李继续追问，为了抵扣13%的进项税，先要垫付100%的资金，如果销售不了，不是要承担亏损87%的风险吗？老张无言以对。

这时，老李突然意识到，应该立马盘点库存商品。但是，还未开始盘点，检查人员就遇到了难题，财务科库存商品的明细账上根本没有反映数量，只有金额，老李只好根据每吨产成品的正常销售价格扣除毛利率倒算出数量。但盘点结果显示仓库根本没有账面上的大量产成品及原材料，老张又辩说寄存在外面的仓库，老李一方面请财务科长拿出寄存合同或单据，另一方面表示，不管寄存在哪里，检查组都立马去现场盘点。至此，老张不得不承认了从虚开收购凭证购进原材料开始，再虚假领用计入生产成本，直至最后虚增销售成本的一系列弄虚作假的问题。

由于虚增的产品成本有金额、无数量，会使得库存产品的单价畸高，所以甲公司在库存产品明细账上只反映金额不反映数量，造成核算混乱的假象，实际上真实的数量由成品会计记在另外一本小账上。当企业某月有盈利时，老张就故意安排多结转相应金额的产成品成本，如此控制操作了多年，自然形成了公司几年来不是微亏就是微利，而平时虚假购进的原材料及虚增的产成品成本则全部挂在原材料和库存商品账户上。在回答为什么账面总是在亏损边缘时，老张说，如果亏损额大了会引起税务部门的怀疑，增加被检查的机会，利润额大了又要缴纳企业所得税，所以采取了微亏或微利的对策，这使得他们公司近几年很少被检查，但这次偶然的检查还是栽了跟斗。

很多企业自以为天衣无缝，实际上漏洞百出！

比如有一家企业销售收入是 3000 万元，存货是 5000 万元。对于有的企业还算合理，但是这个企业是做电子类产品的，电子类产品更新换代速度非常之快，每天价格都不一样。所以这个企业一年销售收入的 3000 万元中，不可能全是成本，也不可能全是利润。3000 万元里面可能会有 2500 万元的成本，这就意味着这批 2500 万元的存货成本，需要两年才能消耗掉。但是有哪个老板会一下子进两年都卖不完的货？这种数据一旦出现在审计表或资产负债表上，税务局基本就可以断定这个企业存在问题。

我们可以用另外一个例子来分析导致当前情况发生的原因。

比如有一家企业，100匹布要做100套衣服，这100套衣服中，有50套是别人不要发票的。财务就把这50套不要票的钱，放到老板个人卡上，入到内账了。另外50套是别人要发票的，发票的收入就记到外账上了。那么既然要记销售收入，就要确认成本。卖50套衣服到底成本要用多少匹布？100匹布不太可能。别人做一件衣服只要一匹布，你做一件衣服却要两匹。但是，要是结转50匹布的成本，毛利就会变高，于是就折中一下，结转60匹布的成本。

于是成本是60匹布，收入是50套衣服，这个账就记完了。但是算一下，账上还有40匹布，而实际仓库里已经一件都没有了。冰冻三尺非一日之寒，如果每一次做生意都会留下40匹布，这个布越来越多，于是就有了5000万元的存货，税务局只要到这个企业的仓库盘点一下，马上就可以发现问题。

广东有一家企业通过关系听说税务局要来查账，于是就跑到供应商那里借了很多原材料，在仓库里应付税务局。结果税务局也学聪明了，第一次来查账的时候，发现仓库里满着就走了。但是过了三天，杀了个回马枪，又跑到仓库来看。三天前，仓库堆得满满的，三天之后，仓库里空空如也。

当然，给大家举的例子，是账上的存货比实际的存货多。还有的企业是反过来了，这个情况叫多转成本。比如山东某五金公司，账上存货800万元，实际存货5000万元，年销售额2亿元，存货账实数据严重不符。

一般都是多结转成本，怎么会出现仓库多、账上少的情况呢？主要原因有以下几点：

（1）多结转成本导致的为了降低利润，多消耗材料，增加材料成本。

（2）人为账务处理错误或账务调整，未考核好四流一致。

（3）进货未开票导致购买材料没有发票，无法入账。

（4）私人购买物品与公司购买物品未划分清楚，公私不分。

（5）记账时间性差异。

账上的库存与仓库里的对不上，是税务稽查的一大重点。无论是盘盈或盘亏，都涉及所得税调整补税问题；金税三期异常，提示税务人员现场查看，可牵连出少申报收入或多结转成本等问题；严重的可能涉及虚开增值税专用发票罪或偷逃税款罪。

实际上，税务局有一整套税务评估指标，通过计算存货周转速度就能看出有没有问题。

我有一个学生，他的企业一年销售收入是6000万元，但存货是18万元。这就意味着生产的存货还不够一天卖的，早上8点进的原材料，中午1点就卖掉了。下午1点进的原材料，半天又卖掉了。这个周转速度简直快得不可思议。

曾经有一个财务人员，拿着报表跑来问我问题。

我说："你这个报表怎么做得这么不安全？"因为

我大概了解他的行业，是属于一个有存货的行业，做不到零库存的情况。当时我跟他讲完，这个财务就紧张得语无伦次。他说："张老师，这个报表不是我做的，是上一任财务经理做的，他因为离家太远，辞职了。"

大家认为，工作已经做了两三年，突然嫌离家远辞职，这正常吗？

其实，这个情况是这样的。假如有一个老板，收入 200 万元，而成本只有 50 万元。他的毛利就是 150 万元，毛利高，就意味着交税多。于是，他做账结转成本的时候，多转了 100 万元，也就是结转了 150 万元。而这 100 万元，是要消耗掉 100 万元存货的。就相当于一个产品 50 万元，而他卖了 200 万元，现在结转 150 万元，就相当于多结转了两个产品。结果，有一天，存货就只剩下 18 万元了，现在再谈 200 万元的生意，怎么多转成本呢？所有的存货都没了，已经没法多转了，毛利一下子提到了 182 万元。接下来如果再卖一笔 200 万元的货，这个时候相当于成本为零，毛利已经变成 100% 了。多转成本导致最后存货为零，这时再想卖东西也卖不了。账做到这种程度，就已经做不下去了，财务人员也不能说账做得不对，就只好找个借口辞职。

财务人员可以辞职，老板却没有办法辞职。所以，这种情况属于在积累矛盾，而且这个矛盾会一直积累下去。即使今天解决了，如果不改变两套账的做法，这个问题还会产生，始终没有办法真正解决问题。就像一个小孩因为老熬夜、吃垃圾食品身体不好，即使把他的病看好了，过不了多久他又会生病，企业也是一样的。

有没有什么真正的解决方案呢？

根本办法，就是改变原来错误的账务处理方式，避免新的问题产生，避免问题加剧。

当年的事情，要当年消化掉，不能积累到下一年，不能为了缓解今年的矛盾，就累积明年的矛盾。房间多长时间打扫一次？公司多长时间打扫一次？财务多长时间打扫一次？

如果账面库存大于实际库存，可以采用以下六种解决方案。

第一种，报废，做进项税转出，增加税负。

第二种，在合理范围内，加大生产工艺损耗或不良品损耗。

第三种，降低毛利，消耗库存（有风险）。高新技术企业，适用前提下，可考虑增加研发材料消耗。

第四种，通过私人购买正常存货，补足材料缺口；私人付款，公司收货。

第五种，增加业务量，掩盖矛盾，逐渐消化。逐步加大销售额度，提高增值税税负率，加快消耗存货差。

第六种，购买过期材料存货，补足材料缺口。

如果实际库存大于账面库存，可采用以下四种方案进行解决。

第一种，可考虑逐步补开发票，通过对公账户增加账面存货。

第二种，可考虑通过将此部分存货，由个人或个体户开票给公司，适量增加存货。

第三种，胀库部分，另行处理。将此部分多余存货进行剥离，给到个人；尽量将不能用的部分，剥离给个人。

第四种，快速将呆滞存货或不能使用存货，低价变卖给个人或公司账户。

除此之外，还有一些解决方法可供老板参考。

第一，非正常注销。比如兰州某钢贸公司，账上有5000万元存货，实际仓库已经为0。老板最后花了30万元，找人帮助注销。

第二，将存货作为样品送给客户。

第三，通过市场推广、市场活动策划、促销或赠送等活动清理库存。

第四，库存以旧货折价销售，现金交付，记为未开票收入。

3.无票支出问题

无票支出不是说我们没有买东西，而是我们真实的东西都买了，但供应商给不了我们发票。比如我们在野外进行作业的时候，损坏了农民的庄稼，我们赔了他200元。这200元，农民肯定是没有发票的。但我们这些支出是真实产生的，只是因为各种各样的原因没有拿到发票。这种现象在我们的现实生活中是很常见的。

企业的财务人员因为员工没有发票，就不给员工报销。员工没有发票就不给报销的话，那就意味着公司的财务数据也是错的，因为有些成本确实是真的发生了，你不能不给他记到账上去。

无票支出是属于合情、合理，但是不合法。费用绝对真实支出，只是苦于无票。那么我们就要想尽一切办法，在所得税税前列支。针对无票支出问题，我给出三个建议。

第一，要建立发票管理流程和发票管理制度，并由董事长签字推行。当然，不仅要有制度，还要有员工培训，公司必须有《员工提供发票的标准及说明》文件。没有拿到发票的，在汇算清缴前补齐；发票不合格，在汇算清缴前换回。

第二，重塑供应链。比如家具厂买板材无发票，那么我们可以将买板材改为买树，成立林业合作社，开具收购凭证，再委托加工成木板。所有与农林牧渔相关的行业都可以应用这个方案。

第三，可以选择账外资金支付的方式，比如可以设一些门店、个独企业、税收洼地、卫星公司等。

什么是卫星公司？卫星公司是为了解决公司的某些特殊问题，而设立的周边的配套公司。比如房地产公司周边的广告公司、装修公司、园林公司、造价公司、劳务公司、工程公司等。

我有个山东学员，是某高铁设备供应商，他的公司进项2亿元，销项4亿元。我当时一听这个数据就很好奇："你毛利怎么这么高呢？"该学员说："我们同行不多，而且呢，也都商量好了，轮流中标。"

毛利高，好归好，但还是面临着税负过高的压力。

我给了他一个解决方案，在此也简单分享一下。把采购部门独立出去，成立一家卫星公司，供应链公司。

供应公司：进项 2 亿元，销项 3.5 亿元。

设备公司：进项 3.5 亿元，销项 4 亿元。

税负就由设备公司转移到供应公司，同时供应公司这部分的税负，增值税为 1.5 亿元 ×13%，我们可以申请 30%~35% 的财政扶持。

我们也称这个方法为"分劈"技术，那么再来分享一个应用分劈技术的案例。

一个学员在东莞经营着一家饮料公司，年营业额 10 亿元，一年纳税 2.6 亿元，税负率很高。他来上我的线下课程，然后在我的办公室里谈成了咨询案，我们派了一个很专业的咨询老师的团队过去，花了三个月时间，帮助该企业将一年纳税额降到了 7000 万元！

在这里呢，我简单介绍一下解决方案的逻辑：技术原理就是成立代理公司、经销公司、品牌公司等卫星公司。该公司以前是直接把产品卖给经销商，再由经销商卖给客户。现在则是由代理公司收代理费，由品牌商收品牌使用费，由经销公司收经销管理费。比例约为品牌使用费 20%，代理商 20%，经销管理费 10%，产品 50%。

实际上，咨询案在落地时有许多的细节，我这里介绍的也只是一个逻辑，大家可以参考，或许可以打通思路。

4.企业注销问题

有一些民营企业在经营的过程中，发现原罪实在太多了，于是干脆把这个公司注销，不要了，从头再来。然后重新申请执照，成立新公司，把员工转过去，把资产卖过去，让企业的原罪随着这个公司的注销一起烟消云散。

有的公司不注销还好，申请注销反而主动暴露问题，引火上身。因为注销公司，税务局要查公司3年～5年的账。正常的是查3年，但是也有个别的地方，比如像北京昌平，他们查4年甚至5年的账。企业的问题，能经得住稽查吗？

某模具有限公司因行业变化，加上老板也有其他产业，所以决定不再经营了。公司老板就跟韩会计说，把这家公司注销了吧，公司麻烦太多了！

于是，韩会计将注销资料交给了税务局。工作人员一看，资产负债表中还有原材料、库存商品830多万元。税务专管员说，你这资料还有点不齐，过几天补齐了一起带来吧！

过了几天，突然税务稽查来了几个人，说要看看存货在哪里。当时韩会计就慌了，哪还有什么存货，那个数字就是挂的空账！

这下没法交差了，她只好说是之前历史的账的问题挂账，实际上存货没有了，她入职时就是这样，她并不清楚。

税务稽查人员都是身经百战的，肯定不会这样被糊弄过去的，亲自跑到库房一看究竟，确实没存货了。但发现库房里面有一张旧办公桌，税局稽查过去将办公桌抽屉拉开一看，前五年的仓库出入库账全在那，还是手工的，上面沾满了灰尘！

最终的结果是，830万元进项转出，公司需要交17%的增值税。外加滞纳金和罚款，一起交了380万。

注销企业，并不能减轻或消除偷漏税的责任。用一句话来形容企业注销，叫"想活不容易，想死更难"。为什么这么说呢？因为企业注销前，税务局要稽查企业3~5年的账。

在此我也有几点小提示。债务要全部清偿，账务要处理得干净。在清算前，把实物资产（固定资产，存货）尽量清理，变卖。

两套账的
六大财务管理问题

1.账目记录不规范

如果企业的账本或会计凭证上写着"代开""税点""回扣""送礼"等字眼，会给企业带来不可预料的风险。

我有一个深圳的学员，经营着一个安全门的企业，财务人员在记账的时候，把给客户的佣金回扣，直接做了一个对账单，并且还盖了一个公章。这个账单被税务局检查的时候发现了，有了这个板上钉钉的铁证，老板只能面临坐牢的风险。

企业最大的风险不是经营风险，经营风险最多会让企业损失钱财，财务风险、税务风险却会让老板失去自由。

有一位浙江金华的老板，把一批原售价1000万元的货以1400万元的价格，卖到了新疆乌鲁木齐。货物正常发出去之后，对方公对公打款过来 1400 万元，发票也是按照 1400 万元的金额开具（增值税专用发票）。

按理说这一切都是没有问题的，但是该公司财务部的一个财务人员在记账的过程中，在"400 万元"金额的旁边写了"代开"两个字！

结果，税务工作人员在稽查过程中发现了这两个字，觉得企业的记账有问题，于是开始彻底追查，最终发现这个企业在收到 1400 万元的公对公打款以后，又通过老板妹妹的"个人账户"给乌鲁木齐公司老板的"个人账户"打回去了约 400 万元。最后，税务局认定这家企业涉嫌"虚开增值税专用发票"。

400 万元的金额，如果按照 13% 的税率，就涉及了 52 万元的税金，而这 52 万元将给老板带来长达 7 年半的牢狱之灾。

这个企业家在看守所待了 31 天，取保候审方式出来了。从看守所出来的第七天，在朋友的推荐下听了我的财务课程。

以上问题，只是我从两套账产生的后果中随便列举的，事实上两套账带来的危害远不止如此。而税务局想要查账实际上易如反掌，它有一个纳税评估指标体系，把数据往电脑上一取，就知道企业到底有没有偷税，有没有做两套账了。通过企业的税负率、应付账款、销项税额的变动情况，进项税、应收账款的变动率，存货和资金的周转率等数据可以直接分析出所有的问题。特别是金税三期的应用，金税三期系统通过大数据、云计算，从发票信息、税收信息、企业财务数据的轨迹上监控企业的走向，让偷漏税无处可逃。

到这里，我想问问各位还想不想继续做两套账，一条路走到黑，还是说是时候考虑企业的财务整改了。如果从现在开始，你想要进行企业的财务规范，那么我会给你提供一整套的管理方法和工具。我们面临的这些原罪到底要怎么去处理呢？

第一步，改变财务认知，要能够识别风险。如果当我们意识到这些行为是错误的，风险就已经降低一半了。很多老板在意识到这是错误的时候，他们就会主动地想办法去改进。

第二步，停止产生原罪的做法。如果你还是用错误的方法去处理财务问题，你的原罪是永远消不掉的。因为有的原罪可能很快就能消掉，有的原罪可能需要2~3年的时间才能够去清除。

第三步，逐步清洗。逐步清洗原罪或注销公司。有的公司原罪实在是太多了，弥补不了，只能把这个公司注销。而有的公司因为涉及政府采购名录或商标、土地等问题，没有办法注销，这就意味着你必须用一些方法把原罪洗掉。

第四步，建立规范的财税系统。我们在把这些原罪清洗完以后，要用一套新的财税系统去支撑我们企业的运营，使我们的财务变得规范，不再是用这些产生原罪的做法去处理我们的财务问题。但这个时候有可能会导致我们的税的成本上升。

第五步，不断地去探索节税的方法。

2.账外资产不易处理

企业经营过程中，由于种种原因，例如价格便宜、账外资金采购、供应商不规范等，企业购买资产、支付劳务费用没有获得相应发票，就会导致企业形成账外资产，当然也存在账外支付成本费用而虚列财务信息的现象。

我归纳了以下四种原因。

原因一，个人卡截留公司收入，形成账外资金。这个可能包括截留主要业务收入、截留保险公司赔款、虚列员工工资、截留废旧物资变卖等。

原因二，虚列费用报销，虚列成本资金用于购置账外资产。

原因三，债务重组形成账外资产，比如A房地产公司欠B广告公司200万元，商定用1套房产作价抵给B公司，双方签订《抵债协定》，但是房产计入B公司股东个人名下，形成账外资产。

原因四，地区限购政策，导致资产不能入账，比如在北京买车。

有不少学员焦急万分地给我打电话，说张老师，我们企业的账外资产如何合理化呢？

河北衡水有一家企业老板，他盖一栋厂房花了7000万元。但是，整个楼都盖完了，一张发票都没要来。因为企业在和建筑公司签订合同的时候，没有考虑发票谁出的问题。建筑公司不愿意出发票，说你要自己想办法。如果给你开的话，其实用不着7%，可能3%就能搞定。但是，这个老板连3%的发票税金都不愿承担，所以最后就一直没有拿来发票。在他整个外账上，是不存在这栋厂房的。只要税务局来查就可以盘点出来。

这些账外资产，不仅仅包括资产还包括资金。如果这个资金被查到了，基本上，税务局就可以断定企业存在偷税漏税的可能。在内账上这个资金只要被查到，就能查出来它所有的流水。税务局会拿着每一笔流水询问你，解释不清楚，就叫偷税。所以，账外资产是一个非常严重的问题。

如果税务局盘点了一个7000万元的厂房，就可以直接跟你做盘盈处理、评估入账，然后按7000万元乘以25%交企业所得税。而且因为这是账外的资产，没有记录到外账上，没办法折旧，就没有办法计算到折旧的费用里去。不要为了省那几个点的税金而交25%的企业所得税，或者因为无法折旧损失更大的成本。另外，如果要算你违反发票管理规定，那这个问题就更麻烦了。

某物业公司在与北京某房地产公司洽谈供暖运营项目期间，了解到某集团下属的一家有限公司拟处置部分锅炉资产，因对方无法提供发票，故物业公司总经理潘总以个人名义出资购买并投入公司使用。由于公司当时会计核算不规范，对此次由潘总购入并投入公司使用的锅炉设备未做任何账务处理，导致物业公司因隐瞒收入被税务稽查的同时，把产生供暖主要设备"锅炉"做盘盈入账，补交增值税、所得税和罚款及滞纳金。

账外账，形成账外资金，在真实账簿上多列支出或不列、少列收入等，在形式上具备构成偷税行为的要件，企业的此种行为随时都面临着被税务机关稽查的风险，一旦查出，企业将面临大额的财产损失，不仅需要缴纳滞纳金，还需承担 0.5~5 倍的罚款。

从根本解决这个原罪的方法就是规范企业管理，收支均通过公户进行。实在需要私人卡，也要把它列入公户序列。

10201—银行存款—建行基本户

10202—银行存款—招行一般户

10203—银行存款—张三个人收入卡（尾号 1234），这个账户的关键点是要保证进钱来源 N 条线，换句话说，就是无数个客户；资金支出唯一通道就是对公账户；切记月末余额为 0。还要设置一个账户，是 10204—银行存款—李四个人支出卡（尾号 2567），这个账户的操作要点是，此账户进钱来源唯一通道为对公账户；资金支出 N 条线，对应各个供应商；月末余额也一定要为 0。

除此之外，企业还要注意，首先要慢慢终止不规范的操作行为，包括虚列工资、替票报销等；其次要严格规范债务重组管理，及时核销相关往来，实现账实相符；再次，要重塑业务模型，完成资产入账。操作要点为，首先，补充签订《长期租赁协定》（车牌成本＋购车成本＋手续费）；其次，根据协议开具租赁发票；最后，确认长期待摊费用。

3.内部往来资金过大

我们再来看内部往来资金过大。一个老板名下可能会有多家公司，比如建材公司、工程公司和节能环保材料公司，这些公司相互之间会存在资金的拆借和融通。比如建材公司把钱借给工程公司，工程公司又借钱给节能公司或建材公司，几个公司就这样借来借去。或者是建材公司贷款相对容易，把款贷过来，给工程公司用，这种情况都会存在内部往来资金过大的问题。

在互相借款的过程中，你有没有算利息，利息有没有交税，与利息相关的利息所得税和流转税有没有付。假如你付了100万元的利息，只所得税一项就要25万元。但是，你没交这个税会出现问题，利息给多了可能也会出问题。

比如建材公司亏损了100万元，而现在工程公司盈利很多，工程公司把利息给建材公司使其可以弥补自己的亏损。与此同时，工程公司的成本增加了100万元，利润下降了100万元，所得税又省了一部分，这叫利润转移。这也是在税务中，涉及避税时会查的问题。老板可以通过设计公司整体的股权架构，来解决内部资金往来过大的问题。

假设老板成立一个X公司，然后由X公司当股东，去成立下面的 A、B、C 三个公司。这时，每一家公司都是独立的，老板 100% 持有 X 公司股份，X 公司 100% 或持有 A 公司一半以上股份，那现在 A、B、C 公司的资金通道还有一种可能：A 公司赚了钱，可以走分红手续给 X 公司，而此时 A 公司已经交了企业所得税，根据法律规定居民企业之间分红免税，因此 X 公司是不用交税的。X 公司再通过增资或其他形式把钱打给 B 公司，就不存在资金往来和利息的问题了。同样，B 公司赚了钱也可以给 X 公司，X 公司再拿去增资 C 公司。值得注意的一点是，如果有资金的往来，也尽量与 X 公司进行，A、B、C 三家公司之间不要进行太多资金往来，否则会更加混乱。

还有一个关联企业的问题，如果公司之间的资金拆借过于频繁，或者是没有按照市场价来处理，税务局在稽查利益在不同公司之间的转移时，就很容易注意到这一点。所以企业还要完善借款合同、利息条款，遵循完全独立的法人之间的规范。老板要从思想上进行转变，把每一个企业都当成一个独立的个体，不能随意地进行资金的转移和往来。

针对这一问题，我也有两点建议，希望能帮助企业更好地解决。

第一，进行整体股权架构规划设计，理顺公司间的资金通道。

第二，关联企业资金往来完全独立，法律实体之间需规范处理，"亲兄弟，明算账"。

4.财务信息系统失灵

做两套账，账是糊涂账，就很容易导致财务信息系统出现问题。要么是财务跟业务脱节，要么就是买软件都要买两套。那么设想一下，如果税务局打开财务软件查账，你给他看哪套账？如果你的内账、外账在同一个服务器上，要怎么处理和隐藏？我听说有个软件，有一键隐藏数据的功能。就是说，平时有一个优盘插在电脑上，只要拔掉优盘，内账账号就会消失。然而大家要记住，税务局也有电脑高手，再怎么隐藏数据，也经不住高手的核查。有躲避的手段，就有反逃避的手段。

当然，我见得比较多的，还是因为做两套账导致财务信息系统没办法发挥它的性能，一个50万元或100万元的财务软件只能用出1万元的效果。我经常跟老板开玩笑说："你们买了辆宝马，只会开一挡，然后还不断说车太慢。其实根本就不是车太慢，而是你不知道也不会用二挡三挡。"若想提高财务人员的工作效率，一定要先提高信息化水平，包括数据库技术、表格技术、ERP的应用技术和自定义报表的取数等。把这些东西用好，再充分发挥软件的性能，同样能够迅速提升整个企业的财务水平。

财务信息系统失灵，会导致会计账簿的销毁问题。这是做两套账一定会出现的问题，企业需要定期对内账进行销毁，甚至有的企业连外账都销毁了。我碰到过一个南京的老板，他三个月销毁一次账本，烧掉或用碎纸机碎掉。但是，我们国家专门有一条法律叫会计账簿销毁罪，量刑一般是 5 年以下。这个账簿包括凭证、财务报表等，把它烧掉或撕掉都是违法的。

这里我们不得不探讨一个问题，企业的会计账簿到底放到哪里？有的企业是放到移动硬盘里，下班的时候就把移动硬盘从电脑上拔下来，放到保险柜里，或者交给老板娘保管。第二天早上来上班的时候，财务人员再从老板娘那里把移动硬盘拿过来。这个方法好不好，我们不做评价。还有的企业是直接把电脑服务器放到老板的住宅，如果税务局来查账，马上安排一个人拔掉网线。还有一种比较有意思的做法，是直接在财务部隔了一个里外间，从门口进来是外账财务部，里面还有一个小门，进去是内账财务部。平时就在里面做假账，税务局来的时候，就让他在外间查账。

广东一家公司的财务部也是里外间，但是它的里间和外间隔了一个门，还用一个装了四个轮子的柜子挡住了，把柜子推开才能看见门，除了财务部人员没人知道。结果有一天税务局接到举报来调查，指着柜子说："把柜子拖走，我要进去看看。"财务怎么都不同意，他心里也清楚，一旦内账被查出来，他和老板都得被抓。双方僵持了很长一段时间。

假如你是企业的财务总监，面对这样的情况，你该怎么办呢？这个财务总监做了一件让人非常惊讶的事情，他跑到走廊上跟保安悄悄地说了几句话，然后对税务局的人员说："真要打开看看？其实里面也没什么，我们也不知道这个柜子背后有门。"

税务局就表示进去看看，没什么事就走。结果把柜子往旁边一挪，果然有一道门。当大家正准备往里进的时候，背后猛地冲出一个保安，在大家还没反应过来时打开了窗户，搬起桌上的电脑就往窗外扔。那一层是七楼，电脑扔到外面摔得粉碎，税务局看到这个场面也惊呆了。但是财务总监反应很快，马上过去指着那个保安的鼻子，说："你怎么回事，砸了公司电脑是要赔偿的！不就是因为工资算得有点问题吗，你有什么话好好说不行吗？还不赶紧走？"保安气呼呼地走了。大家说，税务局的人知不知道这个财务总监在演戏？当然大家千万不要去学，因为这完全可以认定是销毁会计账簿罪。

事情的结果是重新认定这个企业到底偷了多少税，根据数额进行相应的罚款。当然有些企业做两套账，不仅仅是为了偷税，还为了少交税，降低成本，或者是出于一些特殊目的。但是如果一直做两套账，随着企业规模发展壮大，可能会对公司的内部控制产生不良影响。一旦影响到内控，带来的损失可能会远远超过逃税的金额。

前段时间，我签了一个规模比较大的咨询案。在做咨询的过程中，我发现一个问题：业务人员会重复报销，买一个东西至少报销两次。比如他买了一台电脑，拿着收据报销了一次，拿着发票又报销了一次。会出现这种情况就是因为企业内控出了问题，为了偷一点税，导致整个控制系统的失败，最后给整个企业营造了一种贪婪、钻漏洞的违法文化，这对企业的损害是非常大的。比如采购人员去买东西，为了便宜就不要发票，他是真的为了企业省钱，还是为了最后拿着收据去公司报账的时候可以多报钱？没有人知道。

企业该如何应对财务信息系统失灵呢？

实际上，财务信息系统与公司的内控管理体系息息相关。一个公司的内控管理体系如果太差，那么它的财务信息系统也必然不会发挥效用；同样的，如果一个公司的财务信息系统有问题，那么它的内控管理体系也必定是漏洞百出！

有一家民营企业，煤是其主要生产燃料。采购煤过磅的时候，制度上设置需要参加的人员包括：仓库管理员、采购员、生产调度员、财务、经营管理部人员（负责考核的人员），经常因为无法及时召集六方人员而导致不能及时过磅。后来老板上了我的《老板利润管控》课程后，找我们做咨询，经过我们的咨询团队重新设计，简化控制，只要仓库管理员和采购员两方在场就可以过磅，效率提升了，也没有发生舞弊现象。

如果想让财务信息系统发挥效用，就势必要在公司建立一个完善的内控管理体系，这涉及制度的制定、流程的构建、表单的设计等环节。如何建立内控体系，如何完善各环节流程，这又是另外一个需要深入讨论的议题。

5.收入确认按开票时间

有一些企业不是故意要偷税，只是因为他们并不清楚什么样的行为会构成偷税。比如收入确认按开票时间，企业6月1日把货卖给客户，所有权发生了转移，成本也能可靠计量了。但是收款是什么时候呢？9月1日。6月1日卖货，9月1日收到钱，并且9月1日开发票。请问纳税义务发生时间应该是6月1日还是9月1日？既然我们6月1日就把货发走了，合同里也写得清清楚楚，三个月内付款，于是客户9月1日付款。这个时候纳税义务发生时间，不是9月1日，而是6月1日。

如果我们按开票时间确认收货，会有什么好处呢？还是上述例子，我们假定销售额1000万元，税额100万元。那么好处是100万元×10%×（3/12）=2.5万元利息。

那么坏处呢？

首先，是滞纳金，100万元×90天×0.05%=4.5万元。

其次，是罚款，我们按一倍计算，100万元×1倍=100万元。

最后，这样做账会导致账务混乱，利润不对。

很多企业因为是9月1日收款，于是就9月1日开票，这个就是收入确认按开票时间，这也是一个原罪。被税务局查到了，也将面临罚款、缴纳滞纳金的风险。

那么，我们有没有什么解决方案呢？

在此，我也分享一个妙招，能在6个月内，基本解决这个问题，具体操作流程如下。

第一，原则上要求客户发货当月必须开具发票，否则需要特别批准。

第二，新发生销售，按合法合规时间确认收入。

预收销售：发货即确认；

应收销售：发货即开票给客户；

现款销售：发货即开票。

第三，对于未开票已发货的订单，逐渐将发票开出，6个月后，无论开票还是不开票，对于已经收款的客户，全部确认收入，票未开出的收入按未开票进行纳税申报。

第四，新发生销售，货物发出后，个别确需延迟开票客户（尽量控制数量）收入按未开票收入确认，并按笔开具收据，待开票时申报负数。

6.财务人员的离职问题

我们再看做两套账非常容易出现的财务人员的离职问题。在详细分析这个问题前，我想起在《总裁财税思维》课程上碰到一个会计学员，他小声问我，一个公司一个月内换了三个财务，都是主动离职，这意味着什么？

我们也从财务人员的角度来分析一下，出现这种现象，这个公司可能会分为哪几类。

第一类，阴沟型公司。

在这样的公司做财务，属于钱少事多加班多，一到下班就开会。老板拿个茶壶满地走，员工稍有不慎就扣钱。公司人事变动大，员工平均工龄也就半年到一年，这样的环境，会出现财务人员频繁离职的情况。

第二类，深坑型公司。

这类公司的特征是规模中等，但是管理体系不健全，老板跟业务人员穿一条裤子。在这样的公司做财务，是事事都要管，又事事都没权做决定，出了问题，又要次次背黑锅。简单来说，就是功劳是别人的，黑锅是财务的。比如财务要求少存货，生产、销售要求多存货，老板想都不想就大手一挥："给我开足马力生产！"库存商品大量积压，存储成本怎么办？产品太多卖不出，降价、贬值、收不回本怎么办？

我有一个北京的学员，是做通信行业的，早年也跟华为有过合作。老板就很不重视财务，拼命生产、生产、生产，结果资金链断裂，公司元气大伤。据他说，公司的仓库还有大量的 3G 产品，可是现在已经步入 5G 时代了，那么多 3G 产品放在仓库里，有什么用？卖又能卖给谁？

第三类，深渊型公司。

这种公司的特征是"常亏不倒，活得挺好"。内外两套账，老板个人卡流水流量大。财务也不规范，胡乱报销，老板购买私人豪车也报在公司账上，员工没有发票就拿个白条。

我有一个义乌的客户，是做药企的，他准备将公司上市，于是请我做财务工作。在给他梳理财务情况的时候，我发现公司账做得十分混乱：老板收藏古董的借款利息、老板私人别墅的装修费用、老板的个人零花钱等全都在账上！

第四类，黑洞型公司。

老板不懂财务，刀尖上起舞，在违法犯罪的边缘疯狂试探。虚开发票，骗取国家退税，大量隐藏收入……在这种公司干财务，风险不亚于抢银行。在这样的环境中工作，财务人员天天心惊胆战睡不好，钱还全进了老板的腰包。

所有财务人员都知道偷税、做两套账的风险有多大，最后很有可能会跟着一起坐牢。所以也有人说，财务人员是高风险行业。实际上，老板面临的风险也不小。很多税务稽查案件都是经群众举报的，至于这个"群众"是谁，是谁这么清楚老板的底细？有句话叫：最坚固的堡垒，往往是从内部攻破的。据一个民间数据的统计，举报中有70%~80%来自于公司内部举报，而内部举报中，又有70%~80%是财务部门举报的。

为什么财务人员喜欢举报自己老板？难道财务人员不知道自己也有责任吗？

因为财务人员考取了国家的会计从业资格证，经历从初级会计师、中级会计师、高级会计师到注册会计师等一系列流程，包括大学里受的教育，基本上都是按照税法会计准则学习的。所以从某种角度讲，相当于国家把这些人安排到企业。这些财务人员考虑问题是为国家还是为企业？当然，他们要站在企业的立场考虑问题，需要让这个企业的财务合法。但当他说不动老板，跟老板无法沟通的时候，很有可能迫于无奈走上举报之路。有的人可能为了自己的职业生涯，选择不举报，毕竟被查出来一次，对以后的工作都有影响，所以就采取"走为上计"的方式。

我曾在天津财经大学讲了一堂针对财务人员的课。中午吃饭的时候，一个老会计说了一件事，他讲这番话时还颇有自豪的感觉。他说："我在上一家企业做财务的时候，那个老板胆子太大了，两套账、偷税什么都敢干。我实在受不了，就选择了辞职。我从那个单位辞职一年后，老板和财务都被抓了。"他这番话的意思就是，如果他晚一点辞职，被抓的就是他了。老板娘是后来才被抓的，她在被抓之前，找到这个老会计说："你在我的企业做了几年财务，我对你非常信任。现在需要你帮忙做一件事，把老板亲戚个人卡上的钱全部转走。"老板、老板娘和财务都被抓，如果这笔钱再没有转走，就是人财两空。因为这笔资金一旦被查到，可能都要被没收。

所以，这个老会计在饭桌上跟其他年轻的财务分享了一个逻辑：如果老板确定非要做两套账不可，那一定要做好两个准备。第一，你至少要有一个非常精通财税，又讲义气、能够为你两肋插刀的朋友。一旦你被税务局盯上，马上就可以调用这个朋友，展开一切营救活动，跑关系、找人或处理这些外面的事情。第二，既然老板有可能被抓进去，那么就要留一笔风险准备金存在外面。万一出了什么事情，马上启用这笔风险储备金。

　　这个老会计在饭桌上说的话很有意思。但是说句实在话，财务人员离职，风险是很重要的一个原因。财务人员是老板的心腹，对于民营企业来说尤其如此。如果财务人员不是心腹，那就有可能会变成心患。

　　我碰到过许许多多财务人员举报老板的事情。重庆有一个案例，会计跟出纳吵架，由于出纳来公司时间不长，老板没办法就把出纳开除了。结果出纳拿着优盘去税务局，老板又是交罚款又是补税，杂七杂八加起来花了 2000 多万元才摆平。

　　甚至有一个财务人员跟我说："张老师，我们一旦有买票这个行为，我拿出手机就开始拍照。如果我辞职的时候顺顺利利，这个照片我就删掉。如果有一天，我在公司受到了不公正待遇，这些照片就全都会流到该去的地方。"他这番话说完以后，我吓出一身冷汗。

　　有的朋友看到这里可能就会感叹，看来财务辞职还算好事，总比举报强！对于这种想法，我只能说，是两害相较取其轻罢了。

　　无锡某老板跟我说，公司前一个财务辞职了，现在还没招到新人。现在的情况是公司年销售收入 3000 万元，存货 5000 万元，不知道该怎么办。我一听这个数字，眼睛都直了，怎么会有这么多存货呢？

　　老板说，税太高了，就让财务人员想办法。财务人员只好在存货里做文章，风险全部转到存货里了。

现在，财务辞职了，一身轻。老板怎么办？老板也能辞职吗？

如何解决财务人员的离职问题呢？从根本上来说，就是要解决财务人员的"心病"！老板要强化财务思维，推动企业财务规范。

企业常见的
40 个历史遗留问题

通过对学员和多家公司的咨询进行统计，我总结出了以下 40 个常见的企业历史遗留问题。

（1）AB 账（两套账）问题。

（2）股东或老板公私账户不分问题。

（3）个人卡流水过大问题。

（4）账务核算如何做到四流一致问题。

（5）增值税税负率过高／过低问题。

（6）很多业务无票问题。

（7）虚开增值税专用发票问题。

（8）收入确认按开票时间问题。

（9）企业严重缺进项发票问题。

（10）大量滞留进项发票无法消化问题。

（11）存货账实严重不符问题。

（12）账外资产如何合理化问题。

（13）土地增值税如何清算与税务筹划问题。

（14）大额其他应付款问题（账外资金回流）。

（15）大额其他应收款问题（股东借款）。

（16）如何分配账上大额未分配利润问题。

（17）如何规范严重或大额商业回扣问题。

（18）社保问题缴费比例或缴费基数严重异常问题。

（19）如何筹划高薪人员个税问题。

（20）如何规范财政性政府补贴问题。

（21）如何加计扣除高新企业研发费用问题。

（22）出口企业如何申请出口退税问题。

（23）大额应收账款／应付账款长期挂账问题。

（24）如何操作固定资产加计扣除或加速折旧问题。

（25）如何塑造税收洼地证据链问题。

（26）如何利用当地政府优惠政策问题。

（27）企业如何应对金税三期、金税四期监管问题。

（28）企业难注销问题。

（29）关联交易问题。

（30）第三方回款问题。

（31）进度收入确认问题。

（32）如何规划与检查年终结账流程问题。

（33）注册资本选大／选小问题。

（34）银行存款，账实严重不符问题。

（35）盘点工作如何做得扎实或有结果问题。

（36）股权设计公司问题。

（37）如何设计 X 公司、Y 公司、Z 公司问题。

（38）内部控制有效性问题。

（39）财务部角色定位问题。

（40）财务人员工作角色定位问题。

工具

18 项涉税业务证据链

在做咨询的过程中，我发现很多民营企业实际发生了成本费用，也进行了相应的支付，但是会计并没有做账进去。一问原因，竟说是这些成本费用不能进行税前抵扣。这怎么可能呢？经过咨询老师一再查找原因，最终发现，这些成本费用，并不是不能进行抵扣，而是企业自身的涉税业务证据链不足。

因此，我归纳整理了民营企业常见的 18 项涉税业务的证据链。财务在做账的时候，一定要注意证据链的收集与整理。这样，成本费用就可以顺利进行税前抵扣了。

表 2-3 民营企业 18 项涉税业务证据链目录

序号	项目	证据链目录
1	存货取得	(1) 采购发票 (2) 采购合同 (3) 入库单 (4) 验收单 (5) 物流相关单据 (6) 损耗审批意见书
2	固定资产	(1) 采购发票 (2) 采购合同 (3) 验收单 (4) 固定资产使用分配单 (5) 固定资产管理台账
3	应付账款	(1) 采购合同 (2) 采购发票 (3) 物流单据 (4) 验收单据(与存货取得证据链类同)
4	应付账款核销	(1) 银行单据 (2) 往来对账函 (3) 委托收款书 (第三方收款) (4) 债务重组协议 (5) 无法偿还证明
5	银行借款	(1) 借款申请书 (2) 借款合同 (3) 银行审核证明 (4) 银行回单 (5) 资金使用分配表 (6) 银行借款分析表
6	应付职工薪酬	(1) 工资单 (2) 工资分配表 (3) 银行支付证明 (4) 社保公积金支付收据 (5) 个税单 (6) 职工手册 (7) 用工制度 (8) 薪金计算方案 (9) 考勤记录等
7	成本	(1) 成本管理流程制度 (2) 成本结转方法说明书 (3) 成本结转计算表 (4) 成本管理台账 (5) 成本结构分析表
8	广告费	(1) 广告合同 (2) 广告费发票 (3) 支付凭证 (4) 广告的文案等 (5) 定期发布的证据
9	租赁费	(1) 租赁合同 (2) 租赁发票 (3) 支付证据 (4) 租赁费分摊表 (5) 长期待摊费用分摊表
10	咨询服务费	(1) 咨询事前调查书 (2) 咨询合同 (3) 支付证据 (4) 咨询费发票 (5) 咨询费项目报告表 (6) 咨询效果书
11	招待费	(1) 招待费相关标准制度 (2) 申请表 (3) 审批表 (4) 招待相关发票
12	培训费	(1) 培训费使用的相关标准制度 (2) 申请审批表 (3) 培训合同 (4) 培训发票 (5) 培训大纲及课件 (6) 培训签到记录 (7) 培训现场照片等
13	会务费	(1) 会务费使用的相关标准制度 (2) 申请审批表 (3) 会务合同 (4) 会务发票 (5) 会务签到记录 (6) 会务现场照片 (7) 会议议程 (8) 会议记录及决议
14	利息费用	(1) 借款申请书 (2) 借款合同 (3) 银行审核证明 (4) 银行回单 (5) 利息计算 (6) 资金使用分配表 (7) 同期同类贷款利率证明 (8) 银行借款提示分析表
15	存货发出	(1) 出库单 (2) 销售合同 (3) 销售发票 (4) 物流单据 (5) 客户验收单
16	应收账款	(1) 销售发票 (2) 销售合同(付款期) (3) 出库单 (4) 客户验收单 (5) 物流相关单据
17	应收账款核销	(1) 银行回单 (2) 收款收据 (3) 委托收款授权书
18	应收账款坏账	(1) 失踪证明 (公安局) (2) 死亡证明 (公安局) (3) 注销 (注销手续) (4) 破产 (法院文书)

第三章

两套账与
数据化管控

两套账与股权激励

　　想做股权激励，年终给高管分红、分利润，用内账报表还是外账报表？

　　使用内账分红的话，员工拿到了报表后是不是就可以用来举报老板？老板能保证参与分红的对象都是跟自己一条心的吗？如果员工转过头来举报老板，老板面临着怎样的风险？用内账来分红，是不是也把把柄留给了员工？所以，用内账报表分红是不靠谱的。

　　外账报表能不能用呢？数据是报税用的，也不靠谱。举个例子，做完股权激励以后，能不能直接给高管一个红包或信封，然后跟他说拿着这个就行了，别问公司赚多少钱？他肯定会觉得老板给的钱不够。

　　如果不能做到真正公布财务数据，那么，我建议你这个股权激励就先别做了，什么时候你的股权报表能够公开，再来说股权激励。但是我们很多老板是反的，这边股权激励做完了，那边财税还没设计。

　　外账数据一公布，高管就获得了举报老板的把柄。内账收入多少，外账收入多少，隐藏收入多少，偷了多少增值税，偷了多少企业所得税，偷了多少个人所得税……员工清清楚楚，哪天不高兴了，税务部门就上门了。老板如何睡得着？

许多客户跟我谈咨询案，财务需求基本集中在账钱税体系和股权体系，实际上也就是两套账带来的一系列衍生问题。比如资金问题，两套账不可避免地会导致个人卡流水过大，账外资金回流，非常容易被税务局注意到；还有股权问题，很多老板生意越做越大，企业发展到一定规模时就需要考虑股权激励。

深圳某安全门企业的老板，女，55岁，面临企业传承的问题。老板膝下有两个女儿，都在国外念书，并且都不准备回国。因此，老板打算把企业股份分给一起打拼事业的几个核心高管，但是在如何操作上犯了难。该老板对我说："张老师，我这股份应该怎么给呢？这些高管都是从学校一毕业就跟着我打拼，在我心里都跟我儿女一样。"

老板想拿出股份分给一起打拼事业的高管，要考虑很多方面，包括股份应该怎么给、该给谁、每个人分别给多少、怎么设计股权进入机制、怎么设计股权退出机制、万一高管拿到股份后不听话了怎么办等各种问题。而且，该老板还准备用公司名义购买土地建一栋大楼，要是把股份分给了高管，那土地和大楼是不是也一起给了高管呢？

对此，我给出的建议是在安全门公司上面设置一家X公司，用X公司建立一家子公司A公司，用A公司来买地、盖楼。然后请专业的咨询团队来设计如何在不影响A公司土地和大楼归属的情况下，将公司股份分给各位高管。这样，即使安全门公司后续经营不善倒闭，A公司的土地和大楼也依然是老板的。而且，A公司的大楼还可以租给安全门公司，每年收租金，租金就是老板的养老钱。当然，财税合规是做这一切规划的基础。

如果不提前向财务专家咨询，老板拍脑门做决策，有可能会使得股权激励险象环生。因此，如果想要做股权激励，那么财税一定要规范。这就像盖大楼一样，是先画图纸再盖大楼，还是先盖大楼再画图纸呢？想明白了这个问题，也就明白了股权激励和财税规范的主次。

两套账与阿米巴经营

老板学稻盛和夫，想要阿米巴经营，财务是混乱的，账是糊涂账，如何落实阿米巴？

阿米巴经营是对公司进行精细化管理，精细化管理的前提是精细化的账务核算。没有账目核算清晰化，精细化管理都是空谈。稻盛和夫的秘诀是什么呢？一手抓哲学，一手抓算盘。内涵包括量化分权、独立核算，成立利润中心、成本中心。把公司变大，把组织变小，人人都是经营者。我也是稻盛和夫的铁杆粉丝，金财也是阿米巴核算的公司。

一个跟我签了640万元咨询案的客户，之前是做钢铁贸易的，库存的精细化管理做得非常好。虽然一吨钢材只赚20元，看似利润很薄，但是资金周转速度极快，全部现款结算，应收账款为零。据老板娘介绍，她当时对公司业务了如指掌，即使在家养胎时，都能一眼看出哪里少了两根钢材。

正是因为对库存的精细管理，该家钢贸公司的资金周转率非常高，一周就能转3次。赚钱当然是快赚为佳，越快越好。这家公司的竞争对手一吨钢材多赚好几百元，看似多赚了许多，但是客户要赊账半年，整个企业资金周转很吃力。正所谓，捡到了芝麻，却丢了西瓜。

老板娘告诉我，客户只要有现金就会去找她，没钱的时候才去找竞争对手。而且由于价格低廉，见面时客户都很热情，即使后来已离开了钢贸行业多年，跟客户仍然是很好的朋友。而客户跟竞争对手即使在马路上碰到了，都不会打招呼。

这家公司如此高程度的精细化管理，必然是以非常规范的财务体系作为依托的。

现在我们很多企业想做阿米巴，推到一半推不动了，怎么办呢？跑来找我们，我们接手了十几个阿米巴的烂尾工程。

金财现在能够快速扩张，就是因为我们采取了阿米巴核算。每一个部门、每一个总经理、每一个小组长、每一个合伙人，自己都是老板，金财要激励他们干活，所以我们采用阿米巴核算，是由他们自己去激励自己。

有的老师在过年的时候拿一个月休息可以吗？可以啊，那这个月可能只有五千元底薪。干的活越多，就赚得越多。做多少业绩，拿多少薪资，都是通过阿米巴核算实现员工自驱动的。如果你企业的财务一团乱，根本算不清楚，阿米巴就没有办法推行下去。

换句话说，阿米巴核算实际上就是全员财务管理。全员财务管理的内容很多，包括营销财务管理、生产财务管理、研发财务管理、人力资源财务管理、运营财务管理、总经理财务管理等。全员财务管理的核心要点是什么？其实就是我们后面要说到的，企业业财融合面临的三大障碍。

（1）财务人员不懂业务。

（2）业务人员不懂财务。

（3）老板不重视财务。

我在线下课程上讲到这个内容时，问学员认为哪个问题最难解决，学员的回答都是前两条。但在我看来，最难实现的其实是老板支持和重视财务。因为能不能推动一家企业的财务体系改革，主要责任不在于业务人员，也不在于财务人员，而在于老板。业务跟财务吵架，老板帮业务，业务就赢了；老板帮财务，财务就赢了。

许多企业的财务体系十分薄弱，根本无法满足企业的发展需求。老板想要实行阿米巴，但是公司的财务连最基本的做账、管钱、报税都算不明白。所以，我建议这类企业暂时放弃阿米巴，先把精力用在完善企业的财务体系上。

两套账与绩效考核

　　老板想做绩效考核，启动绩效管理，考核指标来自财务数据，财务数据是糊涂账，如何做考核？

　　财务部提供不了指标，企业怎么考核？销售人员考核指标都有什么？业绩、回款、毛利、毛利率、客户满意度。这几个指标中，只有客户满意度不是财务部门提供的如果一家企业的财务数据是混乱的，那么如何做考核呢？

　　许多企业糊涂账，赚多少钱、分多少钱、有多少存货、交多少税、每个产品或每个职业经理人贡献多少利润，都不知道，甚至老板自己都不知道自己挣多少钱。

　　有一个老板跟我说："张老师，我给了总经理六百万元年终奖，你觉得高不高？"我说肯定太高了，很多上市公司，包括新三板挂牌公司总经理的年薪，可能也就是八十万元到一百万元，六百万元的年终奖当然很高了。

　　老板就说："一开始我准备给他两百万元，但总经理不满意，在春节前闹事、发脾气。老板娘出面跟他谈话，谈了四个小时，又补了四百万。"他讲到这里的时候，我马上就问了他一个问题："你去年赚了多少钱？"结果那个老板摸着后脑勺说："哎呀，问题就是我不知道自己赚了多少钱啊！"

这个企业主要是什么问题？糊涂账。企业如果做考核，做股权激励，考核的依据是什么？所以，要想做好绩效考核，做好股权激励，一定要在公司里建立一个完善的绩效考核体系。换句话说，就是完善数据化管理体系。

之前我在《总裁财税思维》课程上随机采访了几个学员，问他们这一年的生意做得怎么样。得到的回答基本都是"还可以""一般般""不太好"。

如果公司开季度例会，所有的事业部总经理聚集在一起，一问业绩怎么样，事业一部总经理说："这季度我们做得还行吧。"事业二部总经理说："我们这季度做得不太好。"这会还怎么开下去？如果要根据业绩对总经理进行考核，那该怎么定？做得挺好的，多考核一点；做得一般般，少考核一点；做得不太好，不考核了。那公司还怎么经营下去？

那么，各事业部总经理应该怎么回答呢？我们事业部做了多少业绩、完成了最初业绩目标的百分比、同比增长了多少、哪些产品贡献了多少利润等，都要拿出实实在在的财务数据。

同时，这些财务数据也是制定下一阶段目标的依据，所谓"千斤重担人人挑，人人头上有指标"。有准确的财务数据，才能定好下一个目标，并依据数据对目标进行分解，下派到每个员工。有了清晰的方向和考核的准确量化，员工才更有目标感和动力。

这也是我经常说的："无数据，不管理；无数据，不会议；无数据，不决策。"

如果财务数据十分混乱，也就谈不上财务数据指导企业管理。根据错误数据开的会议基本是无效会议，做出的决策也有很大风险，据此做出的绩效考核也必定是有问题的。所以，要想真正落实企业的绩效考核，必须先完善财务数据化管理体系。

两套账与上市并购

公司想上市，或者将被并购，走向资本市场的最大障碍是什么？

老板想上市的三个关键：一是老板的决心；二是公司有利润；三是财务很规范。这三个关键条件中，哪个是最难达成的呢？我相信，很多老板都会觉得财务规范是最困难的一件事。但实际上，一旦聘请了专业的财务团队，财务规范反而是最容易达成的。那么，哪件事情最难呢？是老板的决心。

什么是企业？我认为，企业就是企业家精神世界的外化。企业与企业之间的战争，其本质就是老板与老板之间的战争。既然企业是企业家精神世界的外化，那么一个企业如何发展，实际上更多是取决于老板的想法。

老板就是知道自己是谁，从哪来，到哪去，要干吗的人。就像《西游记》中，虽然孙悟空武功最为高强，但唐僧才是师徒四人中说了算的那个。

如果老板想上市，就一定会严格规划企业的进程，找一个上市公司做对标，什么时候开始财务规范，什么时候两账合一，老板心中都有一个很清晰的时间表。相反，如果老板心里犹犹豫豫，也没有坚定的上市决心，两账合一就会一拖再拖，财务混乱也睁一只眼闭一只眼。

要知道，上市不仅仅是发行股票，更是老板思维的上市，企业管理体系的上市，财务水平的上市！

偷税与财务混乱，是企业走向资本市场的一大障碍。"每年偷税 1000 万元不如资本市场一下子。"这句话是说企业偷税，每年偷 1000 万元，连偷 5 年，也才5000 万元。但是，老板将公司卖给上市公司，或者把公司做上市，一下子就可能获得几亿元的利润。上市后，财富就跟市值有关，要做市值管理，一年赚 5000万元，30 倍市盈率，公司市值就是 15 亿元；赚 10 亿元，市值就是 300 亿元。

但是，如果一家公司的财务十分混乱，就算有资本想要收购，一看到公司的糊涂账，也会皱眉。即使公司最后卖出去了，也是卖不上价格的。

民营企业的三大终极宿命是什么？倒闭；被别人收购；收购别人。

如果一家企业的财务体系非常良好，那么即使企业最终会走向灭亡，也肯定比财务体系很差的同等情况企业要慢得多；如果一家企业的财务体系非常优秀，那么即使被别人收购，也能比财务体系差的企业卖更高的价钱；如果企业的财务体系非常健全，收购了别人的公司后也能将自己公司的财务体系和管理理念输入过去，而不是被对方反输入。

因此，企业无论是想上市还是被并购，都必须先完善财务体系。

两套账与公司传承

老板想传承，少帅要接班，是传承一个千疮百孔的风险包，还是传一个财税体系规范的公司？

我有一个青岛的学员，经营着一家钢贸企业，不久前打电话向我求助。他13年前曾经卖了一批货，价值2000万元。因为客户不要发票，钱就打进了个人卡。这种陈年旧账，一旦被查，补税事小，滞纳金事大！我粗略一算，跟该学员说，这滞纳金的数额可不小，哪知他话锋一转："张老师！是12年前离职的一个员工，前段时间给我打电话，跟我勒索100万！说当年的单据他都有，要是不给他钱，他就要去税务局举报我！"

我们粗略来算一下，13年前，一批价值2000万元的货，补税的金额为增值税2000万元×17%=340万元，所得税2000万元×33%=660万元，共计1000万元。还有罚款，计为1000万元。此外，还有滞纳金，滞纳金是按日计算，拖得年头越久，金额也就越大！1000万元×0.05%×365×13年=2370万元，共计4370万元！公司能一下子拿出这么多钱吗？

这家青岛钢贸企业的现任老板年仅28岁，也就是我这位学员的儿子。小伙子年纪轻轻刚刚接手父亲的产业，就遇上这样的事情，怎么办？公司要传承，是传承一个千疮百孔的企业，还是传一个财税合法合规的企业？

有的人看完上述案例，可能会问，这笔业务都过去了这么多年，还有追诉时效吗？我可以给大家一个明确的答案，那就是，如果是税务局的错，5年后不再追究。但是，如果是企业的错，那么追溯无期限！意思是不管是过了10年、20年还是50年，一旦查到，税款、滞纳金一个都跑不了！

那么还可能会有人问，这个年头越久，滞纳金的金额也就越大，滞纳金的数额是否可以超过税款本身呢？针对这个问题，我也可以给大家一个明确的答案，如果是行政处罚，那么滞纳金是不能超过本金的。但是，税务不在此范围！也就是说，无论滞纳金的数额多大，该交多少交多少！

山东聊城的一家物流企业的老板已经七十多岁了，但是声音特别洪亮，状态特别好，精力特别旺盛。他跟我很投缘，就跟我讲，张老师，今年完善财务体系，明年完善人力资源体系，后年完善营销体系，大后年交班，就把公司交给儿子管。

少帅的想法是什么？955，双休。少帅还想干什么呢？一边打高尔夫，一边钓鱼，一边还要把企业做得比老爸的企业大两倍。你们说少帅的这个想法对还是错？以前有个少帅跟我说，他不想像他父亲那样，天天没完没了地上班、加班，他更想享受生活。

如果我们的生命只剩下上班了，请问工作是不是还干得那么开心呢？下班以后就是下班，上班就是上班，这是少帅的想法。我们既然想要做到这样的话，就要完善公司的各个体系。年轻人的思维，跟老人老一辈的思维，肯定是不一样的。

有一对福州的年轻夫妻俩来上课，两个人都是加拿大留学回来的。老板娘想请我们做咨询，咨询费、合同的细节都聊完了。但因为她的公公不同意，最后还是不了了之了。她走的时候说，张老师，等爸爸什么时候把财权交给我，我们一定先做财务咨询。年轻人想要规范，想做财务咨询，但是他爸怎么认为呢？

你看隔壁不都在偷税吗？你看全省那么多企业，不都买发票吗？你看大家不都这么干的吗？这么多年都过来了，现在花这个钱做咨询干吗？

后来无锡的一个六十多岁的老板，被抓进去了。他出来以后做的第一件事情，就是要把法人代表改成他儿媳妇。

儿媳妇同意法人转变，但是她也提出了前提条件，就是必须要做咨询，把公司的财务做规范。

那么，如何才能避免这样的惨剧？如何才能不让自己陷入如此两难的泥沼？最关键的在于提高老板的财税意识，提升老板的财富格局！

老板的四大财富格局

老板的格局决定纳税的境界。我们前面给大家讲了关于两账合一、调账等问题，包括两套账造成的风险。但讲了这么多，实际最终是要建立一套账的体系。只有在一套账的体系里，才能支撑企业做大做强，才能支撑企业面向未来，才能支撑企业的上市以及并购。所以"两账合一"是大势所趋，是符合社会时代的发展要求的。

我前面讲的内容，其实是通过各种角度给大家分析，原来那种做两套账的方法，风险相当之大，带来的历史遗留问题非常之多。当我们明白了这个逻辑后，再来看老板财富格局的问题。

一般企业老板到底是怎么想的？有人说，我赚的钱就是这个税钱，也就是说，如果合法纳税，企业的利润就没了。这种企业如果不转型，早晚会被淘汰掉。要么老板被抓，要么企业消亡。如果是靠赚税的钱而活着的企业，本身就已经没有经营的价值了。一个文件下来，或者一个政策改变，企业都没有生存之力。

山东烟台一家制造企业的老板娘，2016年12月来听了我的课，一连坚持了几年。

她老公一开始不愿意来听课，为了说服她老公，她花了一年时间。等到第一天《老板利润管控》的课上完，她老公说了一句话，这个张老师讲的这个课程还是挺好的。她听到她老公对我的表扬，眼泪就出来了："为了得到你一句认可，我花了一年时间啊。"

后来我们签了一个三年的咨询合同，一年80万，三年240万。她没钱，给我们送来的是银行承兑汇票，自己坐火车从烟台送到北京来的。

她说别说花240万，就是把一年的利润全部用来做咨询，我都觉得值。因为这企业的问题非常多，财务问题也是非常大，成本算不清楚，出厂价说不清楚，赚多少钱更不知道。这个企业就是急需建设财务体系，彻底清洗财务原罪。

作为年轻的老板，应该怎么去看待这些问题？这里，我要提出一个财富观的概念：我们需要在风险和收益之间，取得一个平衡。大家说安全重要，还是财富重要？假如把安全比喻成1，把财富比喻成0。刚开始老板拼命增加0，0越来越多，到后面无外乎就是一个数字概念，因为你的吃、穿、住也就这么多。如果你的1没有了，拥有再多的0也等于0。老板的生命、自由没有了，要那么多钱有什么用呢？

所以，当你刚开始赚第一桶金的时候，采取了很多不合规的手段，比如做两套账，但是当企业已经做到一定规模时，就要越来越注重安全，因为安全，已经开始变得比财富更加重要了。比如个人所得税的问题，许多老板都不给自己交个人所得税，因为嫌交的税太多，你不给自己交个人所得税，实际上就没有给自己塑造好家庭财富的安全。就是说你的钱，基本上都是属于灰色收入。只有夯实了家庭财富的安全，才能一步一步稳定前进。有些老板不仅不给自己交个人所得税，甚至连员工也不交，最后导致被员工举报的这种情况也很多。

从财富观的角度上讲，我们不仅自己要交个人所得税，还要引导员工培养交个人所得税的思维。

第一，纳税是最大的慈善。

我们有一些学员，来上课之前一边捐寺庙、捐桥梁、捐希望小学、捐图书馆，一边偷税。我就觉得特别惊讶，你到底是想做个好人，还是个坏人？西安有一个做装修的老板，听完我的课以后，再也不到处捐款了。有一次在西安，我去他办公室喝茶。我说："以前修桥、修马路、修图书馆，为什么现在不捐了？"他说："上完张老师的课，知道了一个道理—纳税是最大的慈善。"

所以我们若想捐钱，首要的前提是把纳税这件事做好，有多余的钱，再去做更多的事情，千万不要出现一边偷税一边做慈善的这种可笑行为。

第二，热爱祖国，热爱人民。

我们在小学背小学生守则的时候，第一句话就是热爱祖国、热爱人民、热爱社会。那么，你用什么形式热爱呢？别光停留在口头上，有一句心理学的话说，放在心里的爱，不是真的爱，只有表达出来的爱，才是真的爱。如何表达爱？要么给钱，要么给时间，夫妻之间，都要经常跟对方说我爱你。

国家呢？你怎么表达对国家的爱？所以我曾经说过一句话：纳税，就是体现对国家的爱。如果把这句话反过来说，偷税呢？有的人说："张老师，这个帽子很大，偷税就变成了叛国。"事实上，也有这么一个含义，偷税，就相当于没有去承担国家赋予你的责任。

有一句话叫"能力越大，责任越大"，从纳税的金额上讲，企业家的责任应该更大。

第三，纳税就是最大的爱国。

虽然我们真正的物权法 2005 年才有，在中国，所有的都是国家的，就是你现在先花着而已。对于国家来说，肉烂在锅里，要么你花，要么国家花，都是中国人花。

第四，世界上有两件事不可避免，死亡和纳税。

这两个是不可避免的。但是我们老板要做的是什么？是合法节税，这就是接下来我们要谈的纳税的三种境界。

民企纳税的三种境界

国家征税也是有两大手段的，一个是监狱，一个是发票。发票，是让我们主动交税，监狱，是让我们被动交税。就算是老板为了把税的成本降下来，也往往会有两种方法，一种方法导致坐牢，一种方法导致罚款。请问，在座的各位，选哪种方法？

但是，我发现一些民营企业，实际都喜欢选这个坐牢的方法，简单省事。假如说还有两种方法，一种方法是罚款，一种方法是请吃饭。你选哪个？请吃饭，对吧。你们觉得应该请谁吃饭？有人说请税务局，有人说请张老师，当然，我的建议是最好都请。请税务局吃饭是因为我们要跟税务局搞好关系。沟通交流是最基本的，但更重要的是，每个企业应该要有自己的顾问。

有人说过这么一句话：一个老板至少要有三个幕僚，一个是法律专家，一个是财税专家，一个是健康养生专家。如果这三个都有了，那么你的健康、安全，各方面都会强大得多。但是，很多老板没有财税方面的朋友，所以导致在财富观念上就发生了很大的偏差。

如果你确定愿意选择风险小的方法，那么把纳税也可以分为三个境界：第一个境界是偷税，第二个境界是避税，第三个境界是税收筹划。偷税是违法的，要么罚款，要么坐牢。避税，虽然并没有违法，但从某种角度讲，是钻了法律的空子，违反了国家立法精神。避税跟税收筹划的区别是什么呢？避税是形式上合法，所以有人说合理避税，实际上，大家记住，合理，就避不了税，避税，一定不合理。

　　我们更希望形式和实质都是合法的，所以倡导更多的是税收筹划。《天下无贼》里面有句话说：做贼，都要做个有技术含量的贼。所以，我们应该更多选择税收筹划的方法，而不是偷税。

　　在长期给民营企业做财务服务的过程中，我总结了108招税收筹划的方法。老板只要学会其中几招，企业的税就能大幅度下降，而且合理合法。

　　有些老板听了我的课，就开始为我担心起来。张老师教了这么多方法，节省了这么多税，国家会不会找麻烦。我说不用担心，国家其实是倡导税务筹划的。只是有些老板不会税务筹划的方法，导致交税的金额变高，最后只会通过偷税来把税降下来。

　　所有的前提是建立一个财税体系，因为一套账是发展的必然趋势。企业最终是要建立一个财税体系，来支撑一套账的标准。说实话并不简单，但是，如果有人指导，也没有大家想象得那么难。

　　最近三年时间，我一直在做一件事情，就是帮助民营企业建立财税管控体系。当财税系统建立起来后，对企业来说一套账、财税风险问题等就都不是那么严重了。

财务月结清单关键控制点

如果问很多企业每个月有没有财务计划，答案是肯定的。

然而，也真的就只是个计划，并没有实际的行动相匹配，也没有相应的人进行跟踪。

为了更好地执行与落地，我们需要根据具体的事项分别设定相应的责任人、时间节点以及完成状态，进行及时的跟踪。这样，才会真正发挥财务计划的作用。

期间：2020年10月

表3-1　财务月结清单关键控制点

截止日期：2020年10月31日

序号	绩账事项	财务部负责人	相关部门	负责人	时间	日期	状态
1	检查未审单据，提醒相关部门审核单据	王×	仓库	王×	17:00	2020/10/31	如不按时完成，报人力行政部门扣当月绩效
2	估价入库单、出入库单在平时录入系统交财务，每月最后一天一并交齐	王×	仓库	王×	17:00	2020/10/31	如不按时完成，报人力行政部门扣当月绩效
3	当期的业务部要及时准确地做到系统，不论是否入到仓库都要凭相关单据录入系统	王×	仓库和采购、销售	王×	17:00	2020/10/31	如不按时完成，报人力行政部门扣当月绩效
4	开发票要求有销售合同（订单）、客户签收单、完工报告单、发出商品单、出入库单	王×	业务	王×	17:00	2020/10/31	如不按时完成，报人力行政部门扣当月绩效
5	物流费用也要按项目按部门归集	王×	涉及到的部门	王×	17:00	2020/10/31	如不按时完成，报人力行政部门扣当月绩效
6	不在当月结账的费用（包括外加工费用、外购费用），相关部门将手续完备的结算清单（包括经手人、主管领导鉴字）在月底之前交财务	王×	采购	郭×	17:00	2020/10/31	如不按时完成，报人力行政部门扣当月绩效
7	费用、应收、应付、固定资产账务录入截止	王×	财务	郭×	17:00	2020/10/31	如不按时完成，报人力行政部门扣当月绩效
8	员工报销费用截止	王×	销售	郭×	17:00	2020/10/31	如不按时完成，报人力行政部门扣当月绩效
9	应项目开具发票确认收入和成本	王×		张×	17:00	2020/10/31	如不按时完成，报人力行政部门扣当月绩效
10	工资费用明细	王×	人事行政	郭×	17:00	2020/10/3	如不按时完成，报人力行政部门扣当月绩效
11	通过合同（采购和销售发票）统计计算印花税	王×	财务	郭×	17:00	2020/10/3	如不按时完成，报人力行政部门扣当月绩效
12	预提水电等费用的统计	王×	人事行政	张×	17:00	2020/10/3	如不按时完成，报人力行政部门扣当月绩效
13	整理计算增值税	王×	财务	郭×	17:00	2020/10/3	如不按时完成，报人力行政部门扣当月绩效
14	核对银行对账单和ERP系统银行余额	王×	财务	郭×	17:00	2020/10/3	如不按时完成，报人力行政部门扣当月绩效
15	检查库存商品科目余额表金额与存货明细账金额	王×	财务	郭×	17:00	2020/10/3	如不按时完成，报人力行政部门扣当月绩效
16	结转成本费用，生成财务报表	王×	项目	王×	17:00	2020/10/5	如不按时完成，报人力行政部门扣当月绩效
17	项目成本审核	王×	财务	王×	17:00	2020/10/5	如不按时完成，报人力行政部门扣当月绩效
18	应收账龄分析表	王×	财务	王×	17:00	2020/10/5	如不按时完成，报人力行政部门扣当月绩效
19	开始编制分项目损益表	王×	财务	王×	17:00	2020/10/5	如不按时完成，报人力行政部门扣当月绩效
20	项目签字确定，未开票统计表	王×	财务	王×	17:00	2020/10/7	如不按时完成，报人力行政部门扣当月绩效
21	差异分析报告	王×	财务	王×	17:00	2020/10/7	如不按时完成，报人力行政部门扣当月绩效
22	毛利分析报告	王×	财务	王×	17:00	2020/10/7	如不按时完成，报人力行政部门扣当月绩效
23	财务报告草稿	王×	财务	王×	17:00	2020/10/7	如不按时完成，报人力行政部门扣当月绩效
24	财务总监对报告审核	王×	财务	王×	17:00	2020/10/8	如不按时完成，报人力行政部门扣当月绩效
25	正式财务报告	王×	财务	王×	17:00		如不按时完成，报人力行政部门扣当月绩效

第四章

管理系统的
构建和再造

管理＝人＋系统

我给大家写一个公式：管理＝人＋系统。

假如管理是100分，人是20分，系统就要80分。如果管理是100分，人是80分，那系统就是20分。换句话说，要么人厉害，要么系统厉害，管理就是通过这两方面提升的。管理系统越完善，对人才的要求和依赖可以相对降低。一个伟大的企业，往往是一流的管理系统，三流的人才。

中国很多培训课程，基本上也是分为两类：一类是提高人的，一类是提高系统的。比如领导力、沟通、演说、国学都是提高人的，而像财务管控类课程是提高系统的居多。也有提高人的，就是针对老板的课程，比如教老板看懂报表，教老板管控财务，经营企业。但是对于我们来说，提高系统才是真正关键的。系统越强大，对人的要求就越低。所以在管理中，我们要不断建立和完善系统，从根本上解决两套账问题。

当然在建立系统的过程中，我们要问几个问题。第一个，什么是系统？有的人一上来，就把系统等同于软件，这是错的。系统＝技术原理＋方案＋工具，工具里包含的内容很多，比如单据、表格、软件、范本、模型，还有制度流程等。所以软件只是系统当中一个工具而已。

建立系统还有一个时机问题。我建议，最好在企业的初创阶段。因为这个时候的企业，如同一张白纸，非常容易画图。制度和流程全部可以按照规范化标准实施。用一句比较形象的话来说，就叫先画图纸，再盖大楼。

有一次，我和一个老板聊天说："虽然你的公司刚成立，但是你按照上市公司的标准来要求自己，最后企业就会非常规范。一旦想上市，就不用等了。"如果不是初创的公司，就选择一个时间节点，开始进行系统的升级和完善。系统的升级和完善，必须由老板牵头。

最后，建立系统还有一个人员问题。谁来负责推动系统建设？老板。谁来负责系统具体建设？高管。谁来负责系统的执行？员工。

为什么老板必须牵头呢？如果高管站在个人利益的角度上，他很可能会反对建系统。因为一旦建立系统，企业的流程、制度会越来越严密，会剔除很多中间的贪污舞弊，再加上软件的管控，各方面的监督都会非常到位，这样会导致一些原来有灰色收入的高管失去相应的赚钱空间。这个时候就取决于老板的决心和魄力，如果老板下定决心，这个事情需要做，他就会毫不犹豫地坚持推进这套系统。这套系统一旦建立起来，企业的员工也能跟着受益，因为大家都希望在讲规则、有流程、有体系的企业工作。这种企业也是有前景的，有未来发展更好的机会。

我在线下课程中，会在白板纸上画一幅图，就是把企业比作一个人，来展示企业必须建立七大管理系统。
- 头脑——战略系统。
- 躯干——产品或生产系统。
- 左腿——供应链系统。
- 右腿——营销系统。
- 左膀——人力资源系统。
- 右臂——财务系统。
- 衣服——品牌文化系统。

而我们金财最擅长的就是建立企业的财务系统，一个民营企业的财务系统由哪几部分构成呢？我们下节内容再详细介绍。

财务体系的框架

下面我们来看企业的财税体系包含了哪些内容。依次是财务战略系统，账系统，税系统，钱系统和财务管控系统。只要这五大系统在企业里面建立起来，那么企业的财务体系就算是规范完善了。

1.财务战略系统

财务战略系统里包含股权的架构设计，财务战略与企业战略的匹配，管理架构与股权架构的体制，还有财务部门的分工、架构、职责等。因为财务部门的管理，相当于支撑体系，财务组织架构在支撑体系里，会引领整个企业的财务一步一步升级，所以在初期设定好财务组织架构，企业就能少走很多弯路。

假设一个企业，员工出差总是拿不到发票，进项发票少，那这个时候，如果要建系统，首先要做一个关于员工拿不到发票问题的解决方案，技术原理就是关于进项抵扣，方案做出后就要设计工具。第一个，发票管理制度，第二个，员工关于发票知识的培训课件。然后，我们还要让所有人进行关于取得发票的考试，考完试以后要写一个承诺函"本人出差购买商品必须取得发票，如果要是没有取得，风险由本人承担"，大家在上面签字就行了。如果再正式一点，可以让大家按个手印。最后出差的时候，还给他有税号、银行账号等一系列信息的卡片，翻过来看卡片上还写着开发票的注意事项。

那么现在，有了员工出差取得发票问题的解决方案，然后工具又有制度、培训课件、签字确认函和卡片，依次实施这些环节，关于发票的这个系统就建立起来了。

只要我们不断地去建立系统，随着企业的发展，系统会越来越强大，员工也会养成习惯，形成企业良好的文化氛围，这就是我们建立系统的逻辑。

2.账系统

前面讲税收筹划的时候提到过，通过设立一个X公司，就可以让企业每年的所得税减少一大半。账系统，就是站到一套账的角度，去构建企业账目的三角模型。这个三角包括管理报表、科目、单据、流程、制度还有基因数据分析。具体来说，包括两账合一、ERP系统、管理报表、精细化核算等内容。

账系统，构建了这样一个三角模型，通过管理报表，来体现管理诉求，再根据管理报表，来设计会计科目，根据会计科目，调整修改业务单据。最后，我们有相应的核算流程，相应的财务制度，再做出相应的数据分析。

报表体系分为对外报表和对内报表，金财所倡导的大财务，不仅要做好对外报表，还要为老板、股东、高管提供海量的对内报表，来帮助决策。而实际上，绝大多数民营企业的财务都是小财务，别提对内报表，连对外报表都不准确。一个有问题的报表报给税务局，就等于老板自己举报自己！

对外报表是给谁看的呢？主要是税务、银行、工商。按财政部会计准则标准格式，比如资产负债表、利润表和现金流量表。

我们重点来讲讲对内报表。对内报表的使用者主要是老板、股东、高管。对内报表并没有通用的格式，我建议按照老板喜好为标准设计格式。而且，对内报表的内容也是不固定，我们可以依据自己需求来个性化定制，比如业绩明细表、客户明细表、公司价值明细表、前十大客户明细表、前二十个供应商明细表、员工销售排行榜、员工薪酬排行榜、员工报销排行榜、费用报销排行榜、应收账龄分析表、产品毛利对比分析表、存货库龄分析表、纳税汇总分析表……

这些报表怎么使用？我举个例子，老板拿到员工销售排行榜、员工薪酬排行榜与员工报销排行榜，是不是就能很清晰地看出，这个月哪个员工的业绩做得最好，哪个员工薪酬最高，哪个员工报销最多？经过综合的比对，对于那些业绩好又报销少的优秀员工，是不是应给予适当的鼓励，好让他能继续为公司创造更多的价值？那业绩又差，报销又多的员工，薪酬拿得还挺高，是不是应该要进行适当的降薪？必要的时候是不是应该劝退？

民营企业财务人员最容易犯的错误是什么呢？就是只给老板 3 张对外报表。其实，一个生产制造型企业，对内报表不会少于 30 张；一个销售额过千万的企业，对内报表不会少于 10 张！其中，每月财务结账流程，如何规划与检查的问题，应该是每个企业都会遇到且需要重视的。下面，我就提供两个不同类型企业的每月财务结账时间节点安排给大家参考。

表 4-1　某建筑企业财务结账时间节点安排

序号	月度结账基本内容	负责人	对接人	时间节点	备注
1	通知各部门、各项目及时完成各种成本、费用报销	资金管理员	各费用报销人	每月 25 日	
2	内部物料往来的核对与确认	后勤财务人员	各项目对接人	每月 25 日	
3	月度主要材料的盘点与核销，如砂石料、沥青、煤等	财务人员	各项目对接人	每月 30 日	
4	材料实际成本、预估成本入账	成本会计	后勤财务人员	次月 3 日	
5	关联交易内部计价的确认	成本会计	项目经理／厂长	次月 3 日	
6	银行日记账与金融机构、财务总账核对	资金管理员／主管会计	银行	次月 1 日	
7	费用审批报销、凭证制作	综合会计／成本会计	生产经理及各部门负责人	次月 3 日	
8	确认主营业务收入	综合会计／成本会计	相关业务人员	次月 1 日	双线
9	内部往来账面的核对与确认	往来会计	财务人员	次月 5 日	
10	固定资产折旧计提与分摊	综合会计／成本会计	财务人员	次月 1 日	

续表

序号	月度结账基本内容	负责人	对接人	时间节点	备注
11	项目部工程成本的计量与确认	综合会计/成本会计	各项目对接人	次月2日	
12	总公司工程成本的确认	综合会计/成本会计	财务人员	次月3日	
13	各项税费的计提	财务人员	财务人员	每月28日	
14	收入、成本费用的结转	财务人员	财务人员	次月4日	
15	出具财务三大报表	财务人员	财务人员	次月5日	
16	月度经营分析	财务人员	财务人员	次月8日	
17	集团财务资产中心要求提交的管理报表	财务人员	审计部	次月6日	
18	税务局系统增值税发票的验证	财务人员	财务人员	每月30日	
19	税务纳税申报	财务人员	财务人员	次月13日	

表4-2 某生产企业财务结账时间节点安排

序号	月度结账基本内容	负责人	对接人	时间节点	备注
1	通知各部门及时完成各种费用报销	财务经理	各费用报销人员	月结前5天	
2	销量统计	统计负责人	销售内勤	每月26日	
3	银行存款核对	财务经理/出纳	银行	每月26日	
4	月度盘点，含原材料、成品、五金及其他需要盘点的物料	财务人员	各盘点担当及管理人员	每月25日	可提前
5	盘点结果确认	成本会计/财务经理	各盘点担当及管理人员	每月25日	
6	内部物料往来核对与确认	会计	关联公司人员	每月26日	
7	原材料入库及出库，投入产出比确认	成本会计/财务经理	生产经理/厂长	每月27日	可提前
8	月度原材料消耗均价，并发给技术配方人员	成本会计	配方负责人	每月27日	可提前

序号	月度结账基本内容	负责人	对接人	时间节点	备注
9	各项制作费用确认	总账会计／成本会计	生产经理及文员	每月 27 日	可提前
10	品管部向财务部提供配方成本	配方师	成本会计	每月 27 日	可提前
11	确认主营业务收入	总账会计	销售内勤	每月 28 日	可提前
12	客户折扣月度返利等确认及核算	总账会计	销售内勤	每月 28 日	可提前
13	内部往来账目核对与确认	会计	关联公司人员	每月 28 日	可提前
14	成本核算	财务	各相关人员	每月 29 日	可提前
15	各项费用及税费预提	财务	各相关人员	每月 29 日	可提前
16	完成 K3 及阿加希结账，出具财务报表	财务		每月 30 日	可提前
17	月度经营分析	财务经理	总部经营分析考核对接人	下月 2 日	可提前
18	集团财务中心要求提交的管理报表	财务	总部经营分析考核对接人	下月 1 日	可提前
19	合并会计报表	总部财务	分厂财务	下月 2 日	可提前
20	集团月度经营分析	总部财务	总裁	下月 5 日	可提前
21	税务申报	各财务单位	税局	每月 12 日	可提前
22	工资审核	各财务单位	人事部	每月 12 日	可提前
23	工资发放	各财务单位	银行	每月 15 日	可提前

3. 税系统

税系统，包括财税原罪、节税、稽查应对、风险防范，主要是解决三个问题：第一个是历史问题怎么解决；第二个是风险怎么规避；第三个是节税108招怎么使用。另外，还有我们怎么去应对税务局的稽查。只有知己知彼，才能跟税务局进行更好的沟通交流。

　　财税原罪我们在第二章中有比较详细的讲述，在此，我就简单概括一下纳税筹划的逻辑。首先我们要弄清楚一个问题，税是怎么产生的？

　　交易产生税，而不是做账产生税；交易不同，纳税不同；交易地点不同，纳税不同；交易方式不同，纳税不同；纳税筹划不是对税进行筹划，而是对交易进行筹划。

　　交易是谁做的？

　　交易是生产、采购、销售、业务人员做的，不是财务人员做的。也就是说，纳税筹划是要从生产、采购、销售等环节进行考虑，而不是简单地让财务人员想办法偷税。这里我有个建议，让财务部做财务部，而不是做编辑部。

　　简单来梳理一下流程，在公司设立环节，都需要做什么税务规划？

　　比如是设立有限公司，还是无限公司？公司规模扩大，是设立子公司，还是设立分公司？公司的性质选择上，是一般纳税人还是小规模纳税人？公司的出资一定要用货币出资吗？注册资金的数额如何确定？注册地点如何选择？法人代表如何选择？公司的名字如何确定，有什么讲究？商业模式如何选择，是做轻资产还是重资产？是卖产品还是卖服务？股权架构如何选择？比如，生产机构放哪里？销售机构放哪里？运营公司放哪里？是独立还是分开？是注册公司还是内部事业部独立核算？

实际上，我列出的问题仅仅是设立环节时要考虑的众多因素中的一部分。在公司的采购环节、销售环节、经营环节还有许多要考虑的。此外，还有税收优惠政策的选用与规划等。

以上是方案设计时要考虑的，还要设计风险防范系统方案，以及税务稽查的应对方案等。比如为什么会被查？有的老板就很纳闷，说为什么有的人少交税不被抓，我少交税就被抓呢？同样都是少交税，区别在哪呢？实际上并没有什么规律可言，以前抓大放小，现在抓小放大。行业层面也没有什么偏好，之前是医疗，未来可能是电商。除了为什么会被查，还有税务机关怎么查、重点查什么、查到了怎么办，这些内容老板都要提前考虑清楚，然后做好相关筹划。下面为大家提供两个企业的具体表格作参考。

表 4-3　某企业业务变更增值税前后对比表

单位：元

序号	项目内容	筹划前			筹划后			差异
		2018 年	税率	增值税额	2018 年	税率	增值税额	
1	产品销售收入	80,000,000	13%	10,400,000	60,000,000	13%	7,800,000	-2,600,000
2	专利授权或技术服务		13%	-	20,000,000	6%	1,200,000	1,200,000
3			13%	-		13%	-	-
4			13%	-		13%	-	-
5			13%	-		13%	-	-
6			13%	-		13%	-	-
7	纳税额	-	-	10,400,000			9,000,000	-1,400,000

说明：节省数额为负数。

单位：元

表4-4 某企业增值税税负测算表

序号	项目内容	有票部分			无票部分			合计		
		2018年	税率	增值税额	2018年	税率	增值税额	2018年	税率	增值税额
1	产品销售收入	40,871,019.26	13%	5,313,232.50	85,580,679.51	13%	11,125,488.34	126,451,698.77	13%	16,438,720.84
2	加工费收入	24,196,310.59	13%	3,145,520.38	32,197,540.39	13%	4,185,680.25	56,393,850.98	13%	7,331,200.63
3	PC采购	3,593,560.95	13%	467,162.92		13%	-	3,593,560.95	13%	467,162.92
4	亚克力采购	7,995,354.53	13%	1,039,396.09		13%	-	7,995,354.53	13%	1,039,396.09
5	复合板采购	8,266,765.30	13%	1,074,679.49		13%	-	8,266,765.30	13%	1,074,679.49
6	涂料采购	8,599,486.27	13%	1,117,933.22		13%	-	8,599,486.27	13%	1,117,933.22
7	稀释剂采购	2,082,601.46	13%	270,738.19		13%		2,082,601.46	13%	270,738.19
8	清洗剂采购	3,210,413.00	13%	417,353.69		13%		3,210,413.00	13%	417,353.69
9	保护膜采购	2,378,587.76	13%	309,216.41		13%	-	2,378,587.76	13%	309,216.41
10	其他采购消耗额	1,071,644.40	13%	139,313.77	500,000.00	13%	65,000.00	1,571,644.40	13%	204,313.77
11	模具、设备、固定资产	5,103,818.80	13%	663,496.44		13%	-	5,103,818.80	13%	663,496.44
12	外发加工购买额	32,456,411.40	3%	973,692.34		3%		32,456,411.40	3%	973,692.34
13	外发加工劳务费额		3%	-	4,572,518.76	3%	137,175.56	4,572,518.76	3%	137,175.56
14	电费金额	829,317.36	13%	107,811.26	414,658.68	13%	53,905.63	1,243,976.04	13%	161,716.89
15	房租金额	297,193.84	5%	14,859.69	500,000.00	5%	25,000.00	797,193.84	5%	39,859.69
16	水费金额		3%	-	5,856.00	3%	175.68	5,856.00	3%	175.68
17	零星五金采购	-	13%	-	600,000.00	13%	78,000.00	600,000.00	13%	78,000.00
18	增值税税负	-	-	2.863%			12.695%			9.196%

4.钱系统

钱系统，包括资金的安全、资金的预测、客户信用和应收账款的管理、运营资金的管理等。通过这些项目，我们的钱系统也建立起来了。

有的老板可能会觉得，钱不就是攥在手里就可以了吗？还需要注意什么？公司规模要是大一点，就招个靠谱的出纳，不放心就找亲戚来当出纳，所谓"肥水不流外人田"，肉就算烂了，也是烂在锅里。实则不然，我来结合例子说明一下，你就明白了。

首先，我们介绍一下运营资金管控模型：

运营资金周期＝应收天数＋存货天数－应付天数

运营资金效率＝360 天÷周期

运营资金需求＝年销售收入÷效率

比如，某公司 1 月 1 日采购，2 月 1 日付款，3 月 1 日卖掉，4 月 1 日收钱。年销售收入 1.2 亿元，需要多少运营资金？

运营资金周期＝应收天数 30＋存货天数 60－应付天数 30＝60 天

运营资金效率＝360 天÷周期 60＝6 次

运营资金需求＝1.2 亿元÷效率 6 次＝2000 万元

经过计算，我们可知至少需要 2000 万元运营资金。

那么，我再提出一个问题，也请各位思考，如果明年想做 2.4 亿元，需要多少运营资金？肯定有人脱口而出，4000 万元！真是这样简单计算的吗？在管理水平同步增长的前提下，需要4000万元。管理水平滞后的前提下，远远不止4000万元！

现在，绝大多数企业面临的困境是什么呢？业务做得挺大，但是管理体系远远跟不上业务的发展速度。就像一个人，他的左腿十分强壮有力，右腿却只有一小截残肢。这样的一个人，怎么才能高速向前奔跑呢？即便有着强壮左腿的驱动，促使他不得不向前奔跑，但有一个拖油瓶似的右腿，如何能不跌倒呢？

许多企业的管理体系与企业本身的发展规模十分不匹配！就像是一个18岁的小伙子还在穿3岁的衣服。

那么，我们回到刚才的问题，如果需要4000万元，但手里只有2000万元，怎么办？

可以选择融资2000万元！对了，肯定会有许多老板会产生这样的想法。这也正是财务的作用，指导老板如何做对决策。为什么要融资？融资多少钱？选择什么样的融资方式？融来资之后怎么安排？这都是一个称职的大财务可以给你的答案。但现实中往往是老板拍脑袋，感觉手头紧了，就去融资。怎么融是随心选，融到了之后怎么花也凭感觉。有一句话说得很好，你凭运气赚来的钱，最后也会凭本事亏掉！

也存在融不到资的情况，怎么办？

别做那么大！有句古话叫作"有金刚钻才揽瓷器活"，如果盲目扩张，很可能会导致资金链断裂，企业破产倒闭！要知道，绝大多数企业都是扩张扩死的！

如果有老板想问，我不想公司倒闭，还想把企业做大，但我又融不到钱，怎么办呢？

这里就可以发挥出钱系统的作用了，加快资金周转，提高资金效率。我们采用倒推法，来推断可以采取的行动。

已知明年想做 2.4 亿元不变，手里的 2000 万元不变，能改变的只能是运营资金效率，即由 6 次，变为 12 次。

运营资金需求 =2.4 亿元 ÷ 效率 12 次 =2000 万元

360 天不能改变，效率 12 次不能变动，能变动的就是周期，由 60 天，变为 30 天。

运营资金效率 =360 天 ÷ 周期 30 天 =12 次

周期由 60 天变为 30 天，我们如何实现呢？可以应付天数不变，应收天数由 30 天变为 15 天，存货天数由 60 天变为 45 天，就能实现运营资金周期的减半。

运营资金周期 = 应收天数 15+ 存货天数 45- 应付天数 30=30 天

老板接下来要做的，就是如何协调、沟通，去缩短应收天数与存货天数，从而实现加速资金周转！

5.财务管控系统

财务管控系统包括决策支持系统、财务分析系统、成本系统、风控系统。

我以金财公司为例来讲讲决策支持体系。首先要思考的问题是，为什么要进行分析？

第一，跟踪经营数据，支持业务目标的达成。比如金财 2020 年如何达成 5 亿元目标？金财的利润率如何能达到 12%？

第二，给经营决策提供依据。比如咨询案更赚钱还是培训更赚钱？要不要推出财务总监猎头业务？

第三，业绩考核。事业一部利润更高，还是事业二部利润更高？数据分析不是目的，分析完之后的行动才是关键。比如最近营业额增长了，回款变慢了，什么原因导致的？怎么改变？材料成本变高了，什么原因导致的？如何改变？

这也对民企的财务人员提出了一个比较高的要求，如何为老板提供这些数据？如何呈现这些财务数据，使得老板可以快速地看懂并理解？我有一个独创的绝招，就是《管理者驾驶舱》，罗列 7~13 个老板最关心的数据或指标，让老板迅速发现问题，并做出改变。

实际上，通过我在钱系统分享的案例，能看出上述财务体系的五大系统之间是相通的。准确、及时、真实的财务信息是可以帮助老板做对决策的。比如哪个产品最赚钱，哪个产品还在亏钱。这样一个详细的财务数据分析交到老板手里，老板就可以清晰地依据数据来做对决策，亏钱的产品停掉，赚钱的产品加大投入。

要知道，一个没有数据支持的盲目决策，有可能会把企业引向悬崖！

财务管理的
四年升级规划

根据民企财务的特点，我打造了一个通用版的四年财务战略规划。

1.财务"合规年"

第一年是财务合规年，构建一个完善的财务体系。首先就是要两账合一，完善账体系、钱体系、税体系。账体系最主要的工作就是两账合一，清洗遗留下来的历史原罪，比如两套账问题，以及由两套账问题衍生出来的各种问题。历史遗留问题就像企业的肿瘤，需要尽早、尽快解决，否则会越积越大！

两账合一后，我们在一个健康的账体系的基础上，构建钱系统与税系统。

钱就是企业的血液，钱流到哪里，财务就应该管控到哪里。根据钱的流向，我们可以分为经营活动（造血），就像韩信，是带兵打仗；投资活动（献血），像张良，负责出谋划策；融资活动（输血），就是萧何，需要筹措粮草。一个企业的钱体系是乱的，就像人体里的血液系统是紊乱的，大量失血，人就会死；血液过量，人也不健康。就像一个国家，将军、谋士、军需官完全乱套，这个国家迟早灭亡！

是老板听钱的，还是钱听老板的？是钱驾驭人，还是人驾驭钱？钱是人的奴隶，还是人是钱的奴隶？资金天然会去到投资回报高的地方，哪里投资回报高，钱就流往哪里。

四川内江某学员，经营一家彩印厂，花1800万元买了一套海德堡设备，买完以后，想给雪花啤酒做包装印刷。对方要求，占用三个月的资金，老板一算账，把订单接过来，委托别人印刷，成本更低，赚钱更多。

山东滨州某学员，主营铝合金门窗，年营业额4.5亿元，净利润8%。政府希望他扩张，给了360亩地，要求做基建，盖厂房。银行贷款，融资。老板短贷长投，借一年的流动资金借款，做长期投资。导致2016年，高利贷利息高达7000万元！

当我们建立了一个高效的钱系统，打通企业的融资、筹资、投资，就会大大提高资金的周转效率，为企业带来可观的回报。此外，我们还会打造一个铜墙铁壁的税体系，为企业运营保驾护航，助力老板建立一家值钱、长寿、安全的公司！

2.财务"内控年"

第二年是财务内控年，主要是为企业构建一个完善的内控体系。通过打造内控流程，减少或清洗企业存在的贪污、舞弊、腐败等各种可能。

有很多学员问我，什么是治理结构？在我看来，治理结构，就是管CEO以上的事情。具体来说，主要是解决三件事情：股东黑股东的问题；职业经理人黑股东的问题；股东黑债权人的问题。

而我们要详解的则是内部控制，主要是管CEO以下的事情。具体涉及贪污、舞弊、腐败、职务侵占、挪用、公款私存、报表造假、数据造假、信息造假、业绩造假等问题。

杭州某公司财务总监2年挪用约2.6亿元用于赌博，已被提起公诉！

杭州市西湖区检察院官方微信号日前发布信息，2019年11月1日，检察院以职务侵占罪对周某某提起公诉。

起诉书指控，周某某在担任杭州某公司财务总监期间，利用全面管理公司资金、财务工作的职务之便，多次侵占公司资金共计约2.6亿元，用于个人赌博。西湖区检察院认为，周某某利用职务之便，将本单位资金非法占为己有，数额巨大，应当以职务侵占罪追究其刑事责任。

2020年，根据全球反舞弊协会统计，企业内控损失占年营业额的5%！

老板的价值观决定了公司的价值观。处于不同的时机，站在不同的角度，很多时候关系公司利益，价值观也会随时间改变，也必须不断改进。老板想要财务规范，必须加强内控。

3. 财务 "价值年"

第三阶段是财务价值年，这一阶段的主要任务是构建企业的预算体系。

2018年底，我在和华南一个规模不到10亿的电子企业的老板沟通时，他说2018年有喜有忧。忧的是行业产能过剩、价格竞争很厉害，2017年还有约5000万元的利润，但2018年价格战下，估计能做到盈亏平衡就不错了，搞不好还会小亏。喜的则是他在6月份发现势头不对，于是要求前端主动降价，销售价格下降10%~20%，为此积极进行调整，倒逼后端的成本、费用下降，虽然不如预期理想，但是好歹也降了下来，不然可能就问题更大了。他数了数，他们行业中的不少企业都已经陷入困境了，有一些已经做不下去了，至少他们还能活下来。

听完他的描述，我反问了一句：如果去年底你们做预测、计划的时候，就按大环境不好、按销售价格下降10%~20%，并按成本费用同比例下降、按人均效益改善提升的前置条件进行，细化为预算，并且进行详细分析、月度管控，结果会怎么样？

老板沉默了。后来晚上吃饭的时候，他告诉我，刚才这几个小时他一直在算，如果像我说的那样做到的话，他今年可以至少保证能够有2000万的利润。一来一去，这里面就是5000万的差异！

经常有老板问我，究竟什么是业财融合，怎样才能做到业财融合？

首先，我们先来看看，企业业财融合面临的障碍是什么？第一，财务不懂业务；第二，业务不懂财务；第三，老板不重视财务。

实际上，实现业财融合也分为这三股力量。首先，财务是希望财务合规的，更加方便日常的工作；业务是反对财务规范的，会嫌走流程麻烦，效率低；那老板呢？老板是希望财务规范，还是反对财务规范？当业务和财务起冲突时，老板是帮业务，还是帮财务？

老板的财务水平，决定了企业的财务水平。老板支持财务，财务就规范；老板支持业务，业务就维持原状。所有的企业都面临这个逻辑，国内某信息与通信技术领域领先的公司也是如此。

2007年之前，该公司处于粗放式增长时期，尽管管理越来越规范，但很多环节仍然存在着浪费，财务主要承担传统的角色，财务部门也没有参与每个产品定价和成本核算，2003~2007年，该公司业务虽然在突飞猛进，利润率却逐年下降。营业利润率从19%下降到7%，净利润率从14%下降到5%。

虽然从2000年开始，该公司的财务部门已经参与成本核算，但还是缺乏前瞻性的预算管理，其董事长在一次内部会议上说过："我们的确在海外拿到了不少大单，但我都不清楚这些单子是否赚钱。"

这也是企业家普遍出现的困惑，每个月10号拿到的财务报表里，都是公司整体的数据统计；没有细分项目更没有具体成本核算，根本不知道哪里赚了哪里亏了。这样的财务报表对于老板来说等同于废纸，对改善经营毫无作用。

该公司董事长对公司组织结构调整做出表述："我们现在的情况是，前方的作战部队，只有不到三分之一的时间是用在找目标、找机会以及将机会转化为结果上，而大量的时间是用在频繁地与后方平台往返沟通协调上。而且后方应解决的问题让前方来协调，拖了作战部队的后腿……"

为了让盈利水平和公司的业务扩张速度保持一致，公司董事长决定将规范的财务流程植入公司的整个运营流程中，实现收入、利润平衡发展，告别不计成本的"土狼式"冲锋。

2007年，公司开始大张旗鼓地进行财务转型。公司鼓励员工往前冲，但不鼓励不计成本地占领市场，更强调盈利能力要体现在考核指标上。公司实施财务转型一年后，财务逐渐融入整个商业流程，对财务指标的考核也更容易实现了。

在新的财务管理流程体系的保障下，公司对组织架构进行了大调整。它把跨业务部门的销售模式调整为按业务块划分的结构。由以前的单兵作战转变为小团队作战，决策过程缩短，内部沟通成本大为缩减。

该公司从高度中央集权管理到权力下放，完全得益于新的财务体系。转型过后的公司，已从2008年人均生产效率为21万美元提升至人均效益50万美元的全球化大企业，远超爱立信等世界级企业。

打通财务与业务的壁垒，实现业财融合，向管理要利润，向效率要利润。

4.财务"资本年"

最后一步是财务资本年,探索上市或并购的各种可能。

正如我在前文提到的公式,系统越完善,越可以降低对人才的要求和依赖。经营企业,要把企业变成铁打的营盘,流水的兵。一个一流的企业,往往是一流的管理系统+三流的人才。比如麦当劳、肯德基,能把快餐店经营成全国连锁的品牌,靠的是什么?非常出色的员工?特别高级的食材?实际上都不是,依靠的是一套科学合理的、完全标准化的流程,炸鸡的油温,油炸的时间……对每一环节进行详细的规定,员工只要严格地听话照办就行了。

一流人才能为公司带来价值,同时也有不容忽视的缺点,例如成本高、招聘难、离职损失大。民企老板经常花大价钱去请各种专家、人才,来为自己的企业赋能。盲目地"迷信"人才,不计后果地大量开支,反而会给企业带来沉重的负担。

国内某电子商务公司决策失误:大规模招兵买马——人力资源。

没有这些来自西方的国际化人才,该公司的西方运作和西化管理是不能成功的。平心而论,这些国际化的精英对于该公司的贡献是不能忽视的。

大量国际化人才的涌入不仅给该公司带来了好的发展,也带来了许多问题。

• 文化冲突。外籍员工与本地员工的文化冲突,在该公司总部表现得最为明显和激烈，这种文化冲突曾经一度变得难以调和。

　　·不熟悉本土市场。许多外来高管，因为不熟悉中国市场而工作成效甚微。

　　·未能全部发挥作用。该公司引进的国际人才，有一半并不是其所需的网络业界人才。加之语言的障碍和文化的冲突，他们中许多人未能全部发挥作用，对公司出力不大。

　　·难以承受的人力成本压力。这是大量国际化人才带给该公司的最大问题。他们的加盟，使公司的人力成本支出陡然上升。当时一个美国雇员的工资是杭州雇员的十几倍。可以说，该公司千辛万苦融来的2500万美元风险投资，大半用来给国际化人才发工资了。该公司每月近100万美元的消耗主要用于此。这是该公司的不能承受之重！它几乎置公司于死地！

　　众多国际精英在该公司的命运是可想而知的。在不到一年的时间里，该公司的国际化人才走掉了90%以上。他们中的小部分是自己辞职的，大部分是被公司辞退的。

　　我在线下课时曾经问过学员们，打工的最高境界是什么？是成为公司不可替代之人。同样的有一个镜像的问题，管理公司的最大失败是什么？是公司出现了不可替代之人。或者我们可以这样说，管理公司的成功之处，就是建立一个完善的管理系统，用流程、制度来解决问题，而不是依赖人才。

　　做大市值，思考纵向扩张或横向扩张，让公司离开任何人都能正常运转。

财务体系构建的
三种落地方式

　　财务五大体系一旦建立，整个企业的财务系统就会趋于完善。那么我们具体怎样实施呢？总体说来，三种方法，三种途径。

1.自己构建

　　很多企业第一个想到的方法就是自己来。但说句实在话，大家想象一下，公司自己聘请的财务主管，能不能构建起整套财务体系？两套账都做得那么乱，又如何有能力通过财务打通业务，建立流程与管理报表体系，最后进行税收筹划与资金管控？而且，你打算花多少钱，请这样一个高水平的财务人员？在市面上，民营企业聘请的很多财务人员，都没有在体系得当、财务管控做得非常好的企业工作过，他所在的是跟老板的企业没有什么区别的普通民营企业，他如何能建立财税系统？如果是从华为、IBM、海尔等这些优秀的企业中挖过来的员工，那建立财税系统是有可能的。但你考虑过成本吗？你的企业能不能留得住这样的人？

　　所以，表面看来，自己建财税体系好像节约了成本，实际不仅浪费时间成本，而且一个漏洞就导致损失巨大。

2. 做财务咨询案

有的企业就选择财务咨询的方式，来提升财务管理水平。我们现在一年会给将近两百家企业做财务咨询，就是我们派人驻扎到企业，用一两个星期甚至几个月的时间，帮助企业打通整个财务系统。没有制度，我们帮他建立制度；没有流程，我们开始给他梳理流程；报表不行，我们重新给他设计报表。最后手把手带着财务人员进行业务的提升。比如有些财务人员能力不行，我们帮他提升技能，甚至我们还要帮企业重新招聘财务人员。

咨询的这种方式比较彻底，但是费用比较高。说实话，我们现在给一般的民营企业做财务咨询，也是在80万元以上。做咨询的形式成本是比较高的，因为曾经在企业做财务做到一定高度，具体实干又能够沟通的优秀财务咨询师并不好找。

3. 众筹做咨询

如果你不想花这么多钱，又不想浪费时间，那么还有第三种方法可供选择。

第三种方法叫众筹咨询，或者集中咨询，就是我会把团队里的咨询老师带过来，老板也把自己的财务人员带过来，然后大家聚集在一起，用几天时间，一起把财务体系梳理一遍。按照我们原来做咨询时形成的一些制度文档，表格、流程一个一个梳理。我负责带着大家来做这些工具的设计、案例的分享以及技术原理的分解等。咨询老师陪着大家，一起来建立这套体系，有文件需要改的就修改；如果哪有问题，就设计这个问题的解决方案。

当然，有的企业，也会选择咨询和集中咨询同时进行。我们还承担帮忙培养人才的职责，这种立体的形式也有很多。

我做财务的时间已经将近20年了，而且在可预见的未来，我的时间和生命也会奉献在财务领域，并且会一直陪伴着民营企业老板向前走。财务是我的生命，财务是我的职业定位，我会不断怀着敬畏的心，紧紧围绕财务这个中心点，为老板展开一切服务工作。

未来我们会策划成立一个"财务总监联盟"，就是直接帮助老板输送CFO财务总监。我把一些优秀的财务总监抓过来训练，训练了再"卖"给老板。老板经过了集中咨询，然后又聘请我们去做咨询，最后具体干活的，又是张老师训练出来的人，那这个时候整个企业的财务管理就能达到一个新境界了。

财务管理是能够支撑企业创造利润的，也就是说，财务其实不是不赚钱的，财务本身就能够给公司赚钱。而且当企业走到一定规模的时候，公司的二把手，或三把手，一定是财务负责人，甚至有一天接管企业的CEO，都有可能是老板培养出来的财务负责人。海尔的财务总监，现在掌管着海尔所有的职能部门，双汇集团和新浪网的现任总裁，就是原来的财务总监。

　　以前，在民营企业，这种情况比较少，可能更多都是销售总监当总裁。但是，随着时间的发展，财务总监用财务打通了业务、采购、生产、运营、研发等一切环节，他通过财务，能够分析各个领域的数据，以及管理当中的漏洞和关键点。那这个时候，财务的地位会越来越上升，最后，就开始创造利润和价值。

　　老板也是这样，可能以前对财务不重视不了解，当你开始真正理解财务的时候，才成为真正的企业家，因为一个真正优秀的企业家，一定是财务高手。只要你有财务问题，随时可以找我。我希望未来的岁月能够携手同行，共同在财务领域攀登一个又一个的高峰。

应收账款账龄分析表

应收账款的管理对于每个企业来说，都十分重要。行业间流传着这样一句话："一笔坏账业务发生，十笔业务白干！"实际上，可能都不止十笔业务。

所以，严格控制企业应收账款的管理，是我们应该十分重视的问题。然而，要想做好应收账款的管理，就必须先从企业应收账款的账龄分析开始，根据账龄的分析，逐渐筛选出优质客户与劣质客户，然后进一步减少坏账的损失。

企业的财务人员要结合公司的具体情况，制定出自己专属的《应收账款账龄分析表》。

单位：元

表 4-5　应收账款账龄分析表

客户	应收账款总额	未到期				超期						备注
		60-30天到期	%	30-0天到期	%	超期0-30天	%	超期30-60天	%	超期60天以上	%	
东方公司	66,000	10,000	15	26,000	39	18,000	27	12,000	18			需要催收
西方公司	50,000									50,000	100	拖款客户，风险大
南方公司	192,000	12,000	6					180,000	94			拖款客户比重过大
北方公司	68,000	18,000	26	50,000	74							优秀客户
合计	376,000	40,000	11	76,000	20	18,000	5	192,000	51	50,000	13	需要加强应收账款催收

第五章

用财务系统
破解两套账

两套账的
三个要素

1.地点

我们先来看做两套账的地点在哪里。如果是在财务部门,那么就意味着内账、外账都在财务部门。只要数据在财务部门,就一定会留下蛛丝马迹。我经常碰到老板跟我说,张老师,财务的电脑桌面上就是内账的数据。税务局打开电脑一看,桌面上都是客户的信息,每个客户买了多少产品,甚至连联系方式都在上面,然后税务局把这个资料一拷,整个企业所有的数据就被全部拷走了。

当然,有的企业会把做账的地点放在非财务部门,比如研发部门或客服部门,在别的部门单独放几个人专门做内账。但这个时候,企业的非财务人员会很容易发现这一情况,被举报的风险也会大大提高。因此,到底在哪做内账,在财务部还是非财务部,是需要去探讨的问题,包括档案的保管,以及风险的规避也有很大的关系。因为许多企业的财务类举报,都是直接拿到这些数据,然后举报到相关部门。所以档案也是非常重要的。

你不能随意进行销毁，如果没有原始记录数据，特别是涉及往来的一些数据，后面对账也会出现问题。

2.人员

接下来是人员，到底谁来做内账，信任程度如何。大家都知道，做内账实际上就是做假账，要承担法律风险。很多企业的财务人员，都不愿意去做这个事情，但在实际的民营企业工作当中，又似乎不得不去做。

这就导致许多财务人员在做内账时，是带着矛盾的心理：不做，好像不行；做吧，又觉得违法。于是，每次都胆战心惊地做这项工作。

3.软件

另外，企业用的软件种类和数量也很重要。如果是用一套软件就意味着要在里面建两个账套，税务局很可能会在打开服务器，或打开软件时要看另外一套账。这也是很多老板都会问的一个高频问题：我怎么在只用一套软件的前提下，在不同的场景，展示不同的账本数据？但是，不管采用何种方法，这些数据都还存在服务器上。

根据两套账的特点，我们可以反向推断出税务局的稽查方式。

第一，采取突击调账的方式，税务人员直接把财务部的电脑端走，档案室里的资料拷走，财务部一摞摞的账本搬走。

第二，根据账上的记录，税务人员对库存进行盘点。存货，固定资产对不上数目，一盘点马上出事。

除了对实物的盘点，还可以对资金流进行检查：公户的流水、个人卡流水。并且，个人卡不局限于老板本人的个人卡，还有财务、其他员工、亲属。

第三，进行投入产出分析。指标有员工人数，办公室面积，车辆，与销售额之间的关系，还有用电量，用水量，火车皮，物流量……

第四，进行外调协查。什么是外调协查？就是进行上下游产业链的调查，车间工人访谈，查看机器设备工时的记录等。

财务数据的
逻辑梳理

　　当然如前文所说，有些老板会将服务器放进保险柜或拿回家。这种行为能否真正解决问题暂且不提，现在要探讨的是另一个：你做的软件数据，能不能经得住稽查。数据的结构逻辑非常关键。

　　我给大家举个例子：一个身高 1.8 米的帅哥，他的脖子应该占多长？这个帅哥身高 1.8 米，假如他的脖子占了 1.6 米，这还叫帅哥吗？这叫怪胎。但是，有一些企业做出来的账，数据和结构严重不符合逻辑。

　　曾经有一家北京公司，为了少交企业所得税，不断发动员工出去找发票，甚至还有一个不成文的规定：工资的 40% 可以打给你，工资的 60% 按发票来才能领到。这时就有很多奇怪的问题了。当时在北京，去超市买点东西，大家都喜欢开一个费用叫办公用品费。因为这个报销是没有限额的，像其他的报销还有限额。大家都分头出去找发票，于是这个公司的办公用品就非常之多，几十人的公司，一年办公用品居然用了几百万。

　　然后，税务局来查账，一看办公用品这么多，这不符合逻辑结构。你该短的地方短，该长的地方应该长。税法里面虽然没有规定，办公用品不能超过多少，但是有一个合理性原则。税务局也挺有意思，就跟财务经理说："这样吧，你们用了这么多办公用品。你把今年全年买的办公用品给我列个清单。只要能列出来，我就认可。"

于是，财务经理拿着纸和笔就跑到会议室去列，结果，列着列着把笔一扔不列了。为什么不列了？因为他列的时候就发现，办公用品无外乎就是纸笔，甚至再贵一点的墨盒，还有就是传真的硒鼓、装订机。再贵一点就变成固定资产了。纸、笔、墨盒这些办公用品能用多少？

把整个一列完，大概就出现这样的情况：一人一天要用一百支笔和三个打印机墨盒。典型的不符合逻辑。

后来，这个企业的员工，还跑到火车站去找工作人员买没人要的火车票。因为当时火车票还没有像现在这样实名制。于是我们看账的时候，发现公司员工报的差旅费很奇怪，只报回北京的火车票，不报离开北京的火车票，因为他们全都是在北京站和北京西站找的票。

还有的公司为了增加成本，去找汽车加油票来报销。但是有一家公司报的加油费太多了，公司总共就十台车，把所有加的油，都算在这十台车上，惊奇地发现，这十台车24小时从来不会停，而且每台车都漏油。

当然有的企业做账，外账用手工，内账用电脑。一个企业进销存都用了电脑，总账报表怎么不用电脑呢？所有的企业只要上信息化，如果只让他选择的话，第一，肯定是上总账报表的信息化，而不是上进销存的信息化。因为总账报表最容易标准化，而且简单便宜，这个软件也便宜省事。因为很多工作都是固定的，所以有的企业进销存是用ERP软件，结果报给税务局的总账报表是手工账，你觉得能理解吗？其实一看就明白了，还可以看外账的新旧程度。平时从来没有翻过，只有税务局来的时候翻一下，那个账干干净净的，一点痕迹都没有，正常吗？税务局看一下账本的新旧程度，就知道真的假的。

我们一般说做两套账，就是内账、外账，一般企业选择的是五五开。比如做一个亿的营业额，把内和外各劈五千万元，这是一种做法。

有一次，我带着一帮财务咨询老师开会，这些老师基本都是大公司财务总监出身的，大家就在谈很多企业财务的现状。有一个老师上台发言说："5：5还算是好的，有些企业是1：9啊！"也就是说做了一个亿的营业额，外账上的销售收入是一千万元，而内账上的销售收入是九千万元，这个就属于无药可救的类型。忽然有一个老师站起来发言："我还见过1：99的！"这也就是说原本一亿元的销售收入，而外账上开票的收入，或者是他报给税务局的税务账，可能就一两百万。

上次我在内蒙古碰到的一家企业，这个企业就是典型的不要命，不是1：99也属于2：98或3：97。这个企业卖的是快销品，每天早上有60多辆车去拉货，它的营业额已经做到两个多亿了，但报给税务局的销售收入，才六百万元。当然这个公司隐藏得很深，它的财务部一般人根本找不到。

董事长听完我的课以后找我做咨询，因为他意识到风险，也希望整改，所以带我去了他的办公室。我把办公室的布局图给你们描述一下，就知道他们多么有意思了。

他的办公室在一个巷子里面，巷子里有一栋楼，这栋楼是大家经常上网订的商务酒店，这家酒店总共7层，一般的客人从酒店的前面进，后门有一个电梯，可以直接上到最高层。办公室在8层，电梯最多只到7层。那怎么去呢？先从7层出来，走到走廊尽头，再爬楼梯到8层。7层和8层中间还有一个铁门，这个铁门需要通过指纹识别，才能进到8层。整个8层都是他们的办公室。整条走廊你能看到有人力资源部、销售部等，唯独没有财务部门。那财务部门到底在哪呢？8层走廊的尽头是董事长办公室，很大，差不多有200平方米。老板办公室门口旁边还有一个门，打开门一看是个会议室，走到会议室的尽头，发现会议室边上又有一个门。这扇门平时都是关着的，打开这个门一看，里面又是个会议室。这第二个会议室是财务总监办公室，财务部在哪呢？财务总监办公室的大椅子后面有一个门，进去一看有两百多平方米，那里面才是财务部。像个迷宫似的，一般人根本找不到财务部。

我当时跟那个老板说："你每天早上五六点钟，就一堆车去仓库里拉货，然后再给外卖送出去。只要你的仓库被人举报，税务局就在你仓库门口数吧，一辆车、两辆车、三辆车……总共有60多辆车。这不就一下子出问题了吗？"

民企两账合一实操手册

老板说:"是的，张老师。我也挺担心的。所以我就把财务人员都变成了我公司的小股东。反正要犯罪大家一起犯，要下水大家一起下，大家都是一条船上的。"

现在反过来谈，不管你怎么做，在哪里做，都要符合逻辑。

我把这个逻辑叫切蛋糕的理论。假如3斤的蛋糕，是由1斤面、1斤蛋、1斤糖组成的。我现在需要做一个1.5斤的蛋糕，配方应该是什么？1斤面、半斤糖可以吗？加起来不是1.5斤吗？没有蛋，做出来的恐怕就不是蛋糕了，是面疙瘩或馒头。所以要做1.5斤的蛋糕，最简单的就是纵向切分。0.5斤的面，0.5斤的蛋，0.5斤的糖，这样做出来就是一个1.5斤的蛋糕。

但是，很多企业做的蛋糕不符合这个逻辑。它的配方是有问题的，1斤的面加上半斤的糖或1斤的蛋加上半斤的糖。于是，数据做出来，就只会是千奇百怪、漏洞百出。

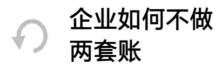

企业如何不做两套账

目前国内财务人员做两套账比较常见的模式有A-B模式和A+B模式两种。

我们来分析一下，这两种模式都是怎样操作的，会带来怎样的风险。

1. A-B模式

先来看第一个A-B模式，A是属于内账，财务人员会从内账里挑一部分发票来做外账。这些所谓的老会计总结出八个字：复印、增加、减少、变换。

首先，财务从内账里面挑一部分比较合适的发票放到外账上去，然后把发票原件放到B账，再把原始发票的复印件放到内账上。外账要应付税务局，所以要把原件放到外账里就有大量东西需要复印。特别是原始发票比较多的企业，复印工作量就很大。有一次我看到一家企业不复印，因为原始发票太多了，于是他在内账上面直接附了一张纸：请参见B账第多少号凭证。因为那边有原件，这边就不用看了。

"减少"，主要是针对一些不合规的票据。举个例子，销售总监请客户吃饭花了两千元，但是没有发票就写了一个说明，董事长签字报销了。大家知道这种没有发票、白条或一个说明就报销的支出，在所得税税前是无法列支的。所以财务人员在做外账的时候，就把这个单据砍掉了。在内账上把真实的费用，算在销售费用里面。

"增加"，是为了减少利润。个别企业除了做两套账外，还会去买发票，导致外账上的票就增加了。

还有"变换"，就是把一种费用变换成另外一种费用。比如给某个领导送了一个红包，在录外账的时候，有可能会去找汽车加油票或其他什么票来进行对抵。最后也就是说，通过把红包变成加油费的形式在外账上体现。但是在内账中却写得很清楚就是红包。

通过复印、减少、增加、变换这四种手法，使得内账有自己的原始发票，外账也有自己的原始发票。也就是说，如果老板要看企业真实的经营状况，就看A账，应付税务局用B账。

这种模式大家觉得风险大不大？可以这样说，A-B的模式占到了全国做AB账的70%~80%。

其实关于AB账，是一个不可以公开拿出来探讨的问题，因为这就是在违法。而且你能保证复印、减少、增加、变换后的数据，符合刚才说的切蛋糕理论吗？你最后做出来的1斤半蛋糕，会不会出现面很多，但是没有蛋，或者蛋比较少的情况呢？

还有一家公司，总共有80多个员工，最后报给税务局的外账收入，是一年 240 万。说句实在话，这 80 多个员工怎么养活，你这公司怎么还活着呢？进公司一看，员工的状态还特别兴奋。跟老板聊天，老板根本就没有亏钱的那种着急，反而脸上洋溢着笑容，开的车也特别好。一看，这账就是假的。

2. A+B模式

这时，又会有人提出来一种做账的模式，即"A+B"的模式，用四个字概括就是"假账真做"。虽然与"A-B"本质上都是违法，但是相对来说，"A+B"模式会比"A-B"模式更容易控制风险。"A+B"模式就是把一家公司，完全等同于两家公司。

有一句话是"麻雀虽小，五脏俱全"，该有的都会有，不该有的也都不会有。从这个角度看，"A+B"模式更容易控制逻辑性。

我有一个学员总结出一种新的做账方法，大家来分析一下。假如企业有 10 个财务人员，那么几个人做内账，几个人做外账。如果是"A-B"模式，有可能做内账的人是 9 个，做外账的人是 1 个。因为做外账，就是从内账里面挑一部分凭证出来通过增加、变换、减少、复印等，所以 1 个人就够了。而"A+B"模式是反过来的。内账只需要一个人做，外账 9 个人做。人数上是完全不一样的。

由此，这个学员提出这样的一个逻辑：比如第一年做了 6000 万元的营业额，最后通过统计数据发现，不要发票的客户大概占了 30%，就是 1800 万元要隐藏在内账上。于是在做账的时候提前把下一年的内账做好。把 6000 万元的公司拆分成两家，把 1800 万元等同于一家公司，算出这家公司需要多少人，需要多少材料和费用，然后再看 4200 万元的公司需要多少东西。

这样，12 月就把下一年的账做出来了。他会提前做出相应的报表，比如从 1~12 月的利润表，收入总共是 1800 万元。然后根据季节规律，哪个月是淡季，哪个月是旺季，把这 1800 万元的收入分摊到 12 个月。

同理，把原材料、办公室成本费用，还有税金也全部分摊到 12 个月。如果做 1800 万元有 10% 的利润，这时收入减成本就等于利润，内账就提前确定好了。成本要发生多少，要不要票这些事情基本上也确定了。所以，一个人就能把这些内账数据全部搞定。

如果实际第二年做了 8000 万元的营业额，有 30% 客户，也就是 2400 万元不要发票，但是不需要调整，还是按照 1800 万元的标准去算每一个月的收入成本利润。所以在这里用 8000 万元减掉 1800 万元还有 6200 万元，这 6200 万元就全部在外账上体现。

内账数据是根据去年的数据，在 12 月份已经确定好了的，而今年增加的部分，全都在外账上根据材料、成本、人工费用进行匹配。第三年的时候，财务就会基于 8000 万元的标准来进行分配，如果 8000 万元当中确定有 2400 万元是不要票的，那么这 2400 万元就会做到内账里面来。如果第三年实际做了一个亿，那么一亿减掉 2400 万元，剩下的 7600 万元，全部做到外账里面。

后来我们在探讨的过程中，发现从逻辑上，这样做的确相对严密。哪怕某一个月不要票的机构特别多，但是也只放一部分到内账上，剩下的全部放外账上，也就是外账上同样会有很多未开票收入，但是企业照样交税。

但这里有一个很难的问题，怎样才能做到将一家企业完全切割成两家。尤其生产制造企业，原材料、仓库、生产车间是在一起的，切割就会很困难。这个"切割"需要完完全全等同于两个公司，甚至更极端的做法，是使用两套财务人员。做内账的，不认识做外账的，做外账的，不知道做内账的存在，甚至互相都不在一个办公室里。如果做得更狠一点，就是完全独立的两个法人实体。

如果老板想要看真实的数据，无外乎就是把A和B进行汇总。报表的格式、科目相同，最后用Excel一合并，数据就汇总在一起了。当然，这么做风险依然存在，因为假的真不了，真的假不了。但是看起来却比上面的方法风险小一些。不管是"A+B"，还是"A-B"，我的建议是两账合一。

虽然我知道，在当前的社会提"两账合一"还是比较难的。但是"两账合一"已经是中国的大势，是未来发展的方向。现在越来越多的企业感觉到，做两套账已经没有太大意义了。尤其是那些生产制造企业，那些进项销项都有发票的企业，做两套账的空间已经不大了。

与其承担风险，不如赶快两账合一。

而且从企业角度讲，一个企业未来还要经营很多年，为什么非要在短时间内，为了一点点利益，牺牲整个前途呢？钱是可以再赚的，但是，一旦老板生命自由出了问题，前面做的很多事情都白费了。所以我们坚决不违法，坚决按照未来的方向来思考当下的决定。

3.思维模式转变

我们想象一下五年、十年之后会是什么样的情况。我们用五年之后的思维、十年之后的现状，来倒推现在的做法。我相信随着社会的改变，做两套账的企业会越来越少。从现在开始，进行两账合一，那你无疑会走在前端，而且会因为财务规范，得到很多机会。

曾经有一个做美容美发产品的学员，上完我们的课，回去就注册了三家公司。一家一般纳税人，一家小规模，一家个体工商户。然后他还问我："张老师，你猜哪一家做得最大？"

我笑着跟他说："你要不问我还不知道，你一问我猜肯定是个体户做得最大。"没错，个体户有一个巨大的好处，就是可以不具备做账条件。没有账，就意味着到底做了多大，没人知道。

他说："我把所有的客户分成了三类。一类是要增值税专用发票的，比如商场，我就用一般纳税人跟他合作。一类是要发票，但是普通发票就可以的，我就用小规模跟他合作。还有一种，比如路边的美容美发厅，是不需要发票的，我就用个体户跟他们合作。所以不管任何客户来找我，我都会先问清楚对方的情况。他一说他的公司是做什么的，我就知道应该用哪种模式跟他合作。所以我有一个引导分流，这个时候一般纳税人是一套账，小规模也是一套账，个体工商户没有账。"

大家看明白了吗？虽然他没做两套账，但是也达到了他想要的效果。

有一家工厂，这个工厂的货原来进价60元，直接对外卖100元。虽然差额比较大，但是有10%～20%是不要发票的，于是老板就隐藏不要发票的收入，导致工厂的账是不符合逻辑的。

后来这个老板上完我的课以后，就琢磨了一个方法。他先单独注册了一个销售公司，然后又注册了几个个体户。原来对外零售价是100元，现在开始对外卖80元。卖给销售公司和个体户都是80元。成本是60元，还是有利润的。然后销售公司对外卖100元，就会出现一种情况。如果需要发票，不要找工厂买，工厂统一不卖了，你要买，可以去找销售公司。

那么大家看到，进价60元卖给销售公司80元，销售公司以100元卖给客户，其实在这条线上税是没有省的，那税省在哪里了呢？工厂直接把货以80元卖给了个体户，个体户对外卖80元还是100元，没有人知道。因为没有账。这个个体户可能是核定的，他的税是定额的，比如 5000 元一个月。这中间的差额就没有正常交税，大量的节税就做到这里来了。

也就是说，虽然工厂一套账，销售公司一套账，个体户没有账，但并不表示这些相关数据没做统计，没有内账。最后，只要把数据汇总在一起就可以了。

这是两账合一的思路，就是利用各种方法，不用做两套账，也能达到我们想要的效果。

财务乱账
梳理流程

　　作为老板来说，要坚守一个逻辑——不违法，"不犯法，不违法"是我们的底线。在坚守这个底线的情况下，再来讨论账目怎么去处理。许多民营企业，在走到一定阶段的时候，都需要把以前的两套账变成现在的一套账。因为老板已经开始在格局、法律风险防范等一系列方面有了新的认识。

　　我们分别从流程和如何调账两个角度，来探讨这个问题。

1.流程

　　我们先看流程，第一步是时间的选择，即从什么节点开始，进行两账合一。1月1日可能是最好的时机。当然也有很多企业，会选择在一个季度的季末，比如6月30日或9月30日，都是可以的。

　　接着我们在这个节点做清产核资，把所有资产的相关情况都核查清楚，把实际数跟计划数进行对比。所以选择节点还是比较重要的，我们先别管原来的数据，先找这个点，以这个点作为基准，数据就合在一起了。

如果企业想上新三板，以 2015、2016 两年作为基准 IPO 审计的年度，然后打算在 2017 年同一时刻上市，那么 2015、2016 这两年就要进行财务规范。如果企业要是到 2016 年还没进行规范，或者 7 月 1 日才开始规范，那么上市可能要两年半之后了。因为我们需要两个完整的年度上新三板，这两个年度是要经得住财务审计的。

第二步就是刚刚谈到的，对企业进行清产核资。确定了日期，就开始清产核资，把企业资产负债，以及所有者权益的实际情况，跟内账的数据进行对比，调整有差异的部分。内账本来是反映企业真实数据的，但是有些企业，连内账数据都是错误的。

通过清产核资，企业把内账的数据调正确了，才能进入第三步——根据清产核资的情况，直接调内账。在直接调整内账的过程中，会出现一些差异。这些差异，我们挤到未分配利润当中。将这个未分配利润作为差异的一个池子挤过去。

第四步，在清产核资日之后，确保内外账就绝对不能再出现差异了。如果这时还出现差异，那这个内外合一就是失败的。

所以需要注意的是，内外已经完全合一的时候，不能再出现增加、复印、减少，甚至连变换都尽量不要出现。如果是偶尔的变换，一笔费用把性质改换一下还可以理解，但是最好也尽量减少这种情况。因为毕竟变换是影响费用，不影响资产负债表的科目。

第五步，清产核资日之后，内外账一起并轨到年末，同时再检查一段时间。因为这个时候并轨可能是一样的，但是应交税金和未分配利润还会有一些差异。没有关系，比如税金，随着时间的推移，最后基本上都会趋同。

第六步，1月1日的时候，把最终调整后的外账上的年末数，初始化作为上市第一年度的年初数，重新启用新的账套。然后完全从头再来，原来的账套就可以停掉了。

总结一下：首先要找到一个时间节点作为基准点，接着进行清产核资，找到差异进行调整，把两套账调成一样，最后合一。这是整个两账合一的流程，也是乱账梳理的流程。

2.调账

说到调账，这是个比较复杂专业的问题，在这里给大家简单说一下。我们主要围绕资产负债表的各个项目来进行调账，最终要达到的效果就是内外合一。

第一个货币资金。现金其实不用调，等其他科目都调完之后，看这个科目的差异是多少，多的拿走，少的补上就可以了。

第二个银行存款。做外账时，企业一般不会严格按照银行对账单进行梳理，这就导致外账的银行存款数据，跟银行对账单之间存在差异。所以我们是以对账单为基准，逐笔逐笔进行核对，不用管发生时间，该补记的补记，该冲红的冲红，该调整的调整。

　　个别企业有两个银行账号，其中一个是秘密账户，他的外账上是没有这个账户的。有一些企业的做法，是直接把钱转到老板个人账户，或者非本公司的账户，然后进行销户。这么做其实是很有风险的。如果有人举报，税务局非去查，以前的账户都是能查出来的。只是历史遗留问题既然已经存在了，我们希望随着时间的推移，有些事情可以慢慢被淡忘掉。时间是最好的良药，现在行动，可能若干年后这些东西都会烟消云散。如果不去处理，这些问题将一直存在。

　　第三个是应收票据。有些企业做外账的时候，应收票据这项不会交给外账会计去做。或者即使给了会计，会计也会直接把它做成银行存款，这个是有问题的。我的建议是直接盘点，盘点完了，根据实际情况全部在外账上进行补记或冲红。

　　第四个是应收账款。比较常见的有两种情况：一种是账款内账多，外账少；一种是外账多，内账少。有的企业因为对外虚开，而实际没有发生那么多销售，这个时候就会有一个应收账款长期挂账，导致外账数据比真实数据大。

　　怎么做呢？如果金额比较小的话，就直接用现金收款。要是金额比较大，那就可能要用老板的其他银行账号，直接把钱还回来。还有一种是直接做一些坏账处理。比如我们按100%的计提坏账准备，或者是做坏账核销。但坏账核销去税务局进行备案审批，是有一定难度的。所以我认为不一定非要去备案，当然坏账本身不影响公司的规范，但是确实会影响公司的利润。一坏账，利润就会下降，如果一定要做就选择利润高的时候。当然有的企业会把两个方法结合起来，用现金还掉一部分再坏账核销一部分。

当然还有一种情况是因为销售收入不开票，导致外账上的应收账款比较小。这个很简单，直接把内账上的应收账款收回来就可以了。

第五个预付账款问题。外账上的预付账款，一种是因为我们采购的时候，没有拿到发票，导致预付账款一直在账上，没有办法处理掉，这个时候怎么办呢？我们可以考虑撤销，就是不采购了。另一种情况是外账上没有预付账款，但是实际有，导致收到了采购发票，却没有办法冲红。这时，可以变成应付账款来处理。

第六个是其他应收款。前面已经讲过，它导致我们在法律上有抽逃资金的风险。那这个怎么处理呢？第一个，是填写收据把现金收回来。第二个，是找一些正常的发票，就是应该发生但是以前没有报的费用发票，把它冲回来。千万不要去买假发票。如果金额比较大，就及时通过还东西等各种形式，把这笔资金进行清理。

第七个是原材料。如果是没有开发票的采购，就会导致外账上没有办法入账，我们讲存货的时候已经提到过，有亏库胀库，就是实际仓库存货比账面多，或账面数据比仓库存货多。这时，我们可以想办法代开发票，或找关联方把数据调成一致。时间长了，慢慢也可以消化掉一批。另一种情况，是为了减少增值税的税负，虚开了采购发票入账，但实际仓库里是没有的，这样账上的金额大于实际数。这时，可以通过几个月的账务出库比实际的出库数大，然后慢慢接平这个差异，还可以做一些报备的处理等。

如果做一些核销处理，可能会导致企业利润的下降。如果减少账务出库的数据，有可能会导致毛利率的高升。比如老板卖一捆东西，结转的时候，只结转了一个；或者卖一个，结转了一捆，通过数量做调整。但是这些其实都能查出来，打电话问一下供应商和客户就知道了。

第八个是发出商品。如果发出商品调账，就是企业没有及时开具发票结转收入，实际上这种情况就相当于在逃税，税务机关也会关注，所以要及时开票并发出商品。如果因为客户验收的问题，而导致迟迟不能开票，那么应该加强商务力量，及时进行沟通。对于实在是没有办法结转的，就当作营业外收支处理了，反正发出商品不能长期挂账，它要跟收入确认结合起来。这里大量开票，会导致企业的增值税和企业所得税大幅度上升。

这都是我们为了梳理以前历史遗留的问题，而不得不牺牲近期的现金流或利润，这个是没有办法的。有句话叫"病来如山倒，病去如抽丝"，这些问题，都是因为长期不正确的处理方式而积累下来的矛盾，既然要处理这些问题肯定没那么容易。

第九个是固定资产如何处理的问题。在前面的案例里也给大家讲过，固定资产如果买的时候，没有要发票，导致在账务上盘盈，就是平白无故工厂里多了一栋厂房，或多了一些设备。那么我给大家的建议，是去税务局花点税点，代开发票。如果说，固定资产已经没了，但是账上还有，这个时候要及时清理，不要让它一直在账上趴着。

我以前在做财政部或教育部的一些咨询的时候，北京市财政局请我们去做清产核资咨询。我发现特别是这些行政单位，为了避免在国有资产被处理掉的中间过程中，出现贪污腐败等现象，它的固定资产是不能报废的。于是就出现了一个情况，很多烂桌子烂椅子全部都堆在办公楼里的其中一间办公室里面。这从某种角度来讲，占用了办公室的面积，也是一个问题。

所以最后他打报告申请审批，财政最后审批把这些烂桌子烂椅子全部处理掉，就已经用了很多年了。千万要记住，固定资产不要买发票。比如营改增之后买一些固定资产，还可以去抵扣我们的进项，其实从这种角度讲，对于我们以后购买固定资产是有好处的。你以前盖一个厂房，买一栋楼，都不要发票，然而随着营改增，这件事情基本上就会杜绝了。

第十个是应付账款。有的企业还有出现买发票，实际上这个钱根本没支付，我们叫应付账款长期挂账。这里，给大家提示一个可以通过支票达成目的的做法。支票有个存根，这个存根和支票实际的数字不是一样的。通过这种在外账的银行账户上支票的大小头，就是金额不一致，拿着存根来冲平我们的应付账款，把款项想办法尽量倒到账外去。

如果是因为没有票采购，可以直接用账外资金支付。应付账款一直挂在账上，肯定是不行的，实在没办法，就做形式上的支付，然后企业如果缺钱，可以再增资。其他应付款就是占用别人的资金，直接付款就解决了。如果是本年度应交税费的差异，那么我们就直接申报错误，然后补申报补记账就行了。

最后一个是应付工资，我们可以直接把它调整过来，因为它是费用类科目，直接结转到损益当中就可以了。当然，在实际业务中远远没有这么简单，方法也不止几个。

公司注销预案

最后，我们来谈一下公司注销的问题。为什么要注销公司？一些没业务，或者历史遗留问题较多的公司，可以选择关闭。

曾经，有一家企业注销的时候，资产负债表上的未分配利润还有 4800 万元。这个老板打算上市，因为涉及同业竞争，所以这个公司必须要注销掉。但是账上未分配的 4800 万元的利润需要缴纳 20% 的个人所得税。

如果这个老板提早做好财务规划，就不至于出现今天的局面。20% 就相当于 960 万元，这个金额可不小。所以企业从生到死的整个环节，都要做财税规划，只有这样，才不至于临到末尾，发现有一个这么头痛的问题需要解决。

一般情况下，只要公司注销了，没有人特意举报的话，这个公司的历史，就不会重新被提起。所以，中国民营企业的平均寿命是 2.9 年。大家想寿命这么短，会不会是很多企业并非经营不善，而是人为去注销的。也就是说，经营这个企业积累了大量原罪，若想消除风险，就把它注销掉再成立一个公司。经营一段时间后又积累了风险，就再把它注销掉。

以前，我曾经见过一个老板，直接成立了 80 多家公司。当然这 80 多家公司有各种各样的用途，而且很可能经营几年就关掉。所以税务局对注销这个事情管得很严，一般情况下会查 3~4 年的账。我们在注销的时候，要思考一个问题：你能不能应付得了这 3~4 年的检查，如果应付不了那怎么办。原本虽然有风险，但没被查到倒还好，现在一去注销，全都查出来了，所以能不能应付三到四年的账目检查，是一个非常关键的问题。其实，一般是三年，但有的时候，加头加尾可能就算成四年了。

那么这个时候，我给大家的建议是：如果经不住查，不妨饿三年。就是公司歇在这里，基本上业务萎缩，最后零申报，保证这三年没有任何违法行为。当然你要有特殊的痕迹，那税务局还是有可能查到的。那是另外一回事。

另一个问题是注销时要做汇算清缴，而且要做两次：第一次从是 1 月 1 日，到我们停止经营的日期；第二次是从停止经营的日期，到最后整个清算结束的这一天。为什么要再做一个清算期间的汇算清缴？因为清算期间，可能要进行卖掉设备、应收账款的收回、资产的变卖、原材料的变卖等一系列行为。

我建议大家，既然要注销公司，那么资产负债表的数据要尽量处理掉，到最后除了货币资金都不要有。负债全部还清，只留下实收资本和未分配利润。净资产最好大于零，小于实收资本，如果大于实收资本，就意味着还有资产，或者说还有盈利，这样就不可避免地要交税。

当然，这都是因为有风险，所以才去注销，如果你的公司没有那么大风险，亏损的公司还是可以卖的。

前面给大家讲了注销调账，还有整个两账合一的流程问题。那么讲到这里，老板可能会一头雾水，觉得非常枯燥。其实关于这段内容，老板只要明白逻辑，安排财务人员具体实施就行了。如果在实际工作当中碰到了问题，可以随时咨询我们。

我们每个月都会有针对老板的财务课程，课上我会带着十几个财务咨询老师为大家服务。这个课程会上三天左右，一般在第一天就能让老板把利润提升20%，包括看懂报表、节税的手段等。这些问题经过我们的分析和讲解都是比较容易掌握的，老板以后也会根据自己的要求，向财务索要需要的报表。欢迎大家能够去我们的课程现场，我们一对一或一对多地进行见面交流和解决问题。

工具

纳税评估自测表

　　民营企业要经常根据发生的业务，进行各种关键指标的数据测算，并及时监控其变动情况。然后，对比企业制定的战略指标，以及当地税务部门的税负率，找出问题和原因，并进行及时的调整。

　　这样，在年终制订下一年的计划时，可以根据上一年数据的变化情况，制定更合理的目标。

表 5-1　纳税评估自测表

项目	202×年度												202×年度	202×年度					
	1月	2月	3月	4月	5月	6月	7月	8月	9月	10月	11月	12月		1月	2月	3月	4月	5月	6月
收入																			
成本																			
期间费用																			
存货余额																			
毛利率																			
收入费用率																			
能耗率																			
运费率																			
利润率																			
收入变动率																			
成本变动率																			
费用变动率																			
固定资产折旧率																			
无形资产推销率																			
存货周转率																			
所得税贡献率																			
流转税税负率																			
整体税负率																			

第六章

数字化升级，
向管理要利润

解决流程不畅
的关键

疫情期间，很多民营企业把危机转化为机会，抓紧时间修炼内功。我们很多客户就选择了在这段时间梳理流程制度，希望能利用这个机会，好好解决流程不畅的问题。流程不畅会影响交货能力、交货速度，导致质量问题的出现；会增加占用的存货水平，导致无人催收货款。产生了这些问题，有些老板会骂员工，有些企业会对员工进行罚款，但是问题依然会出现。

为什么会这样呢？管理大师戴明说过："员工只需对15%的问题负责，另外85%归咎于制度流程。"什么样的流程，就产生什么样的绩效。骂员工、处罚员工只可能对15%的问题有用。

有一个请我们做咨询的老板，特别喜欢学习，而且行动力极强。前脚他刚跟我们签完咨询合同，后脚就已经开始安排改流程了。

但他经常会碰到一个问题，就是新流程执行一段时间以后，就执行不下去了。不仅没有解决改流程之前想解决的问题，还会带着更多新问题回来找我们咨询。于是，员工都觉得老板就是爱头脑发热、瞎折腾，每次老板提出要改流程，员工都表面上支持，私底下却不以为然。

我们进场调研以后，发现这个老板其实碰到的是流程固化问题。老板的想法没错，但是员工的习惯也很难改变。这种问题相信很多老板都遇到过。

解决的办法有很多。其中最好用的办法之一就是流程自动化，把规则、步骤、动作要求用IT化手段固化到一套软件系统中，用软件来连接、驱动开展业务。

在质量管理中，通常会用到西格玛（希腊字母 σ 的中文译音，统计学用来表示标准偏差，即数据的离散程度）水平来衡量质量符合预定要求的程度。

实践经验告诉我们，以人工控制为主的流程，质量保证能力最多能达到3倍西格玛水平；而自动化的流程，则可以达到3~6倍西格玛的水平。

这充分说明了流程自动化的好处。机器、电脑不会打折扣，不会讲价钱，只要不断电、不少油，就会严格按流程设计的要求操作，而且远比人工稳定、可靠。

两套账与 ERP 的取舍

很多企业上 ERP 时都会纠结的一个问题就是：上哪一套账？

随之衍生的问题有：上 ERP 之后，把哪套账做精做细？业务部门的员工应该参与做哪套账？外账如何才能做得更细致？难道把外账再上一遍 ERP？

纠结后的结果就是内账成了方便税务部门查的内账，外账成了方便税务部门查的外账，却没有真正属

表 6-1　不同账套的作用与要求

	税务账/税务局	上市账/证监会	管理账/老板
工作内容	管钱、管账、报税	内控（为数据质量的）、报表、披露、沟通	创造利润、创造价值、创造现金流
工作目标	依法报账报税	高质量（有利于市值）的报表	拿出对老板有用的数据
时间要求	每月每季度每年	每月每季度每年	马上、半小时内、5 分钟内
数据要求	粗颗粒度、够用就好	粗颗粒度、符合准则	精细、多维度、关联性
人员要求	小会计	大会计	大财务
信息系统	记账软件/Excel	记账软件/Excel/ERP	ERP/BI

于老板的管理账。这个结果就说明企业管理十分混乱，ERP上线失败。

因此，企业在上ERP之前，首先要理清思路：为什么上ERP？为谁上ERP？理清思路后，才是怎么做、做什么的问题。

资金运筹的三大攻略

1.如何加快收款速度，控制坏账风险

　　会做生意的老板和精明的财务都知道稳定的现金流有多么重要。但是，不少老板都面临着一个令人头疼的问题：货物卖出去了，收回货款却比预想的更难。

　　在现在这个时代，要想成为成功民营企业老板，要遵循的一个商业准则是"转"。这个转是"周转"的"转"，只有转起来才能赚大钱。而资金周转太慢，不光赚钱困难，很可能生存都困难。

　　我们有一个做工程的客户，是他所在行业里的专家和销售高手。他只做国家级工程项目，项目利润很高，可以达到50%以上。但是当我们进场为他做咨询的时候发现，他的资金周转速度太慢了。应收账款平均要1年才能收回来，而且还经常有一部分收不回来。老板和老板娘每做一单生意，都要劳心伤神好几年。

　　在咨询过程中，老板告诉我，他平常忙于维护人脉关系、拿单，一直顾不上催款要钱。往往是等年底，财务告诉他还有很多应收款没有要回来，他才赶紧组织业

务员开会，布置该怎么要钱。我告诉他，其实只要稍微用些管理技巧，就可以减少这种麻烦。这位老板采纳了我的建议，半年以后就取得了明显的效果。

今天，在这里，我把这些管理技巧分享给大家，一共有5种技巧。

技巧一：及时给客户发账单。

我们有些客户的付款流程非常繁杂，并且极不可靠。有时他们并不是有意拖延，而是因为他们内部有各式各样的问题，导致付款延期。客户甚至会把我们的发票，混入一大堆乱七八糟的文件中，或者把我们的发票彻底弄丢了。就算是他们本来想按计划安排付款，因为发票丢失了，也做不到了。

对于这种问题，解决的办法其实很简单，就是及时向客户发账单，及时提醒客户付款。具体怎么做的呢？我们可以用应收账款管理软件来解决这个问题。

第一件事，就是根据销售合同的约定，在系统上设置相应的客户付款条件的选项。

在这里我们可以根据需求，创建一系列客户付款条件，比如立即付款、15天之内付款、30天之内付款等。比如无锡某电动车有限公司，来了一个新客户，第一单生意要向客户卖一批电动自行车，谈好的付款期是发货后30天之内。

我们可以在软件中的付款条件的设置中，选择30天。设置好了以后，就可以看到一个到期日，这是根据付款条件，按现在的日期自动计算的。这个到期日很重要，它是后面一系列应收账款管理动作的基础。我们的管理要做到有始有终、有计划有落实，就一定要有一个日期。

接下来，我们选择销售员、销售团队、商品名称、数量、每辆单价，软件就会自动帮我们生成一份可以向客户发送的邮件，点击发送与打印，这封邮件就发送出去了，可以提醒客户付款。

有些客户可能不用邮件。没关系，我们还可以通过其他方式，把这份PDF格式的账单发给客户。比如通过聊天软件发送给客户，或者是干脆打印出来寄给客户。交给业务员，让他当面给客户，也是一个不错的方式。

我们给客户发送了一份非常专业又漂亮的账单，就是自然友好地告知客户"货已发出"，或者"服务已经提供，该买单了"。当你按协议交付了你的产品或服务，一定要记得在第一时间，以自然、友好的方式提醒客户付款。

当然，要让客户尽快付款，只有一份漂亮的账单是不够的。我们还有必要安排一个恰当的人，在恰当的时候恰当地提醒客户，把账给结了。负责平时与客户联络的业务员，是做这个工作最合适不过的人选了。

技巧二：提醒业务员向客户催款。

我想要分享的第二个技巧是启用软件，来自动提醒业务员向客户催款。

我们可以在软件上设置一个提醒，给这个提醒输入一个标题，选择一个提醒日期，并把这个提醒分派给所属的业务员。还可以输入一些提醒业务员的语句，比如："冯经理，客户应该在 3 天后付这笔款，记得跟进提醒一下客户。"到了设定的日期，业务员就会收到这个提醒，也同时会知道应该向哪个客户催款了。

我们专业而又礼貌地提醒客户付款，工作做得这么到位，客户应该不会再忘记付款了。但是，客户拖延付款这种情况仍然可能会发生。

技巧三：用软件自动向客户催款。

软件中有一个模块，是需要介入应收账款。这是提醒我们，对这些欠款需要采取一些行动。选择一条记录打开，点击"以邮件形式发送"，软件就会自动以邮件形式向客户发送一封催款函。

使用软件自动发送催款报告的功能，是一个非常有效而好用的方法，可以让客户早点付款。不过，我们还可以更充分地利用现代技术，提高我们的工作效率。所以，今天要分享的技巧四就是制定催款策略，有计划有组织地安排催款。

技巧四：制定出一套催款策略并固化。

我们可以预先设定好催款策略。根据客户逾期的严重程度不同，设置不同的催收方式。比如向客户发一封邮件，措辞可以从友好到激烈。也可以把催款函打印出来，盖章寄给客户，为以后万一需要打官司留下重要的书面证据。

表 6-2　催款策略实施表

催款动作	逾期天数	严重程度	向客户发送电子邮件	发送公司盖章的书面催款函	给客户打电话	拜访客户当面催收	律师介入
第一次提醒:电子邮件	15	还好	✓				
第二次提醒:信和电子邮件	30	要注意	✓		✓		
第三次提醒:给客户打电话	40	再催催	✓		✓		
第四次提醒:正式发函	60	严重	✓	✓	✓		
第五次提醒:正式拜访当面催款	90	问题严重	✓	✓	✓	✓	
第六次提醒:诉讼准备	120	非常严重	✓	✓	✓	✓	✓
第七次提醒:呆账清收	180	呆账	✓		✓		
第八次提醒:长期呆账催收	360	极可能坏账	✓	✓	✓	✓	✓

制定一套催款策略并用软件把这套策略固化。通过这种有计划、有组织、有跟进、有确认的管理方式，就可以保证我们希望的执行动作都能得到真正执行。

我在现场咨询时，一个老板娘问我，他们账上有些欠款已经拖了四五年了，一直收不回来，该怎么办？

我问她，这些欠款有没有留下什么催收记录？她的回答是有口头催收，但是没有留下什么记录。

我只好告诉她，根据规定没有催收记录，过了三年诉讼时效，客户拒绝付款，打官司也赢不了。而且，没有催收记录，在所得税汇缴时，作为坏账损失备案抵税都缺少依据。所以，钱收不回来，税还得交。

所以，技巧四是我分享的技巧中第二重要的。将管理经验总结成制度，梳理为流程，再利用合适的软件将流程固化，管理经验就会发挥出令人意想不到的价值。

技巧五：加入业务员的业绩考核。

那么，第一重要的技巧是什么呢？就是把回款、应收账款资金占用这类指标，加入业务员的业绩考核中。如果在你的公司，还有业务员之外的其他员工，也对客户回款速度有很大影响，比如做工程项目的公司，负责项目交付的项目经理也对应收账款的回款速度负有责任。在有了软件系统之后，各种数据能够可靠、及时地获得，考核也就有了依据。

当然，要真正用好技巧五，最好多学习一些责任中心、阿米巴经营等这些既先进又实用的管理方法。下面提供某公司的往来账核对分析表，供大家参考。

表6-3 某公司往来账核对分析表

（1）对账单——客户XXXX

客户名称：××××		截至××月××日	币种：人民币 销售：××××	
发票号	参考号	开票日期	金额	备注
201201009	201201001	2019年1月18日	1,218.00	
Y0145667	201202010	2019年2月20日	201,238.56	
UTR1202018	201202021	2019年2月14日	98,023.00	
102-41788×	201203012	2019年3月1日	-10,368.21	红字票
……			97,842.65	
合计			387,954.00	

（2）对账分析表

应收客户		截至××月××日			
客户名称	币种	余额	客户对账单金额	差异	差异分析
中达	人民币	10,000.00	10,000.00	0.00	na
华富	人民币	387,954.00	369,800.00	18,154.00	①人民币18,104发票在途 ②人民币150待查
成章	美元	1,935,010.00	1,820,089.00	114,921.00	③美元114,921银行在途
英威	人民币	401,358.00	398,358.00	3,000.00	④人民币3,000银行在途
……					
合计	人民币	799,312.00	778,158.00	21,154.00	
	美元	1,935,010.00	1,820,089.00	114,921.00	

编制人：　　　　　　　审核人：

日期：　　　　　　　　日期：

2.如何提高存货周转速度

有一个做汽配行业的客户，去年跟我们签了一个咨询案，要求我们帮助他们梳理账、钱、税体系，并且上ERP系统。

我们看了报表后立即就注意到，该企业2018年的销售额基本没有增长，库存却翻了一番，从5000万元增加到8500万元，光多付给银行的贷款利息就达到200万元。

在调研过程中，我们对车间经理进行了访谈，车间经理一通抱怨，说总是缺料，导致车间老是停产待料，影响车间效率。

到仓库一看，不光是仓库堆满了材料，连仓库外的一个 3000 平方米的广场也堆满了。仓库主管告诉我们，计划部也不管仓库放不放得下，只管向供应商下订单。

问到计划部经理是怎么回事时，计划部经理反过来对仓库一通抱怨，说仓库库存不准，搞得每次下订单前还要派人到仓库盘一遍库。采购找来的供应商也不靠谱，下了订单什么时候能供货没个准。为了不缺货、不影响生产交货，只好多订点。

采购经理也向我们倒了一大堆苦水，说供应商不好找，好不容易找来的供应商开始供货了，品质部拦着不让入库，说品质不合格。

看完报表、做完访谈，我们一下就明白，这个客户为什么要特别强调让我们帮着上 ERP 了。正如老板后来告诉我们的，他和管理层都觉得可以用 ERP 项目作为抓手，解决他们目前面临的问题。

他们面临的问题已经到了非解决不可的时候了。不仅仅是因为库存占用了大量资金，让他们的现金有断流的风险，还因为持续不断的质量问题、延期交货带来了客户的处罚，他们面临客户因为不放心而丢单的风险。

他们急到什么程度？在我们进场前，他们已经选好 ERP 了，只是因为实在不知道 ERP 的深浅才请我们进场把关。

我们在这个客户现场待了四天。第四天，我们给客户出了一个报告，告诉客户三大问题点：

第一，他们的内部流程有很大问题。组织架构设置、绩效考核方式看起来似乎让企业管理变得规范，实际上造成了内部条块分割，还不如原来老板一个人说了算有效率。而他们目前的核心流程，是从别的企业照搬的，没有考虑到他们自己的客户需求、内部运营特点、供应商现状，流程烦琐，职责交叉，还有各式各样的断点。

第二，上ERP这个方向是对的，但是必须先解决第一个问题。在理清内部管理流程之前，上ERP并不能帮他们解决问题，反而会给他们带来更大的麻烦。因为ERP从某种意义上说，是一个固化流程的工具。核心流程没有理清，就上ERP，要么将现有混乱的流程固化入ERP，要么照搬ERP厂商给出的所谓"标准""成熟"经验，要么将现有的混乱流程和照搬的经验混合，烩成一锅杂烩汤。

第三，选对ERP是用ERP承载理清楚的流程和适合企业的管理方法，不是不顾企业实际，将企业套入ERP厂商建议的现成模型。

这三点总结起来，就是一个公式：

好的ERP=10%软件+20%实施+70%规划

如果一个企业要成功用ERP解决自己面临的管理麻烦，将企业升级为数字化管理，就必须先耐心地做好制度化、流程化，然后再使用IT手段固化。这个过程不容易，仅仅靠买一套软件生搬硬套是不行的，我们接着就帮客户落地了三件事：

第一，梳理核心流程、调整组织架构。成立PMC部门，收拢分散在销售、采购、生产部门的计划组织职责和权力，减少不必要的跨部门沟通；成立供应链战略协调小组，从顶层协调采购、生产、质量控制之间关系，把握好供应商准入标准，平衡好成本、品质和交货速度之间的关系，建立以客户订单为驱动的内部业务流程。

第二，重新设计绩效考核方式。这个客户原来错误理解、运用KPI考核员工，员工在各自背靠背的KPI业绩指标驱动下，为了个人和部门利益，明争暗斗，工作中无法正常沟通和配合。我们金财的老师利用责任中心利润表，结合阿米巴经营模式，帮助客户重新划分各个考核主体，重新设计相应的考核指标体系，保证所有员工能够形成合力。

第三，选择一套适合他们的ERP，按前面梳理好的组织架构和业务流程配置，固化流程。

我们做到了业务驱动的单据流，上道环节完成工作后，由软件自动驱动下道工作环节进行业务处理，比如接受客户订单后，订单会自动转到财务，准备开票；同时还会自动生成发货单，等待仓库确认发货。

ERP里有一个叫调度器或排程器的功能，是一个根据产品上设定的规则进行运算、排定自动生产或自动采购优先级的强调计算引擎。我们利用ERP的调度器功能，实现了自动管理库存水平、自动生成采购订单、准确补货等。利用ERP的物料路径规划功能，设计出公司内部的物流路线，指导工人有序地出入库、上下线。

我们推荐的ERP还具备直接与供应商、客户无缝沟通功能。供应商可以通过邮件确认订单，供应商的确认信息会直接反馈入ERP系统。

所有这些功能，经过仔细的规划、耐心的配置，成为了我们为客户预先设计的业务流程的一部分。客户原来混乱的流程转变为数字化、透明、有序的流程。做完这三件事，客户的库存已经降到原来水平的80%。但此时，项目并没有完结。

根据我们的经验，如果客户接着在ERP系统支撑之下，再引入精益管理，库存至少还可以再降低50%。这就是懂财务，具备了财务思维以后，可以给企业带来的价值。

下面提供几个相关表格范例和模板，给大家作为参考。

表6-4 某企业存货账龄分析表

单位：元

序号	产品编号	产品名称	规格型号	计量单位	合计	0~30天	30~60天	60~90天	90~120天	120天以上	备注
1	A				66,000	10,000	26,000	18,000	12,000		
2	B				50,000					50,000	
3	C				192,000	12,000			180,000		
4	D				68,000	18,000	50,000				
5											
6											
7											
8											
总计					376,000	40,000	76,000	18,000	192,000	50,000	
比例					100%	11%	20%	5%	51%	13%	

表 6-5 闲置固定资产明细表模板（示例）

编号	名称	规格	数量	外账账面价值			内账账面价值			使用情况		闲置原因	处理意见
				总价	已提折旧	净值	总价	已提折旧	净值	取得使用	已使用		

表 6-6 固定资产明细表模板（示例）

编号	类别	名称	规格	数量	外账账面价值			内账账面价值			使用部门	放置地点
					总价	已提折旧	净值	总价	已提折旧	净值		

3.银行对账自动化

银行对账，是企业资金管理体系中最重要的一环。对于大多数资金收付而言，也是资金安全的最后一道防线。在大多数企业中，银行对账的意思就是由会计在每月末把企业账上的收付记录和银行对账单上的收付记录进行核对，编出一张银行余额调节表，列出所有差异，这些差异称为未达账款。

正常情况下，未达账款都应该是由于会计记账和银行记账的时间差造成的。不过，有时也可能是因为付错了货款、多记了收款这类差错导致的。

作为老板，对于自己的财务，特别是出纳，都有一个特别基本的要求，就是细心，少出差错，最好不出差错。但是，只要是人，就一定是会犯错的，无意识的犯错是不可以避免的。我们需要做的，是对"错误"加以适当的控制，避免错误最终演变成问题。

因为银行对账是一个需要耐心细致的事，所以一个月才集中对一次银行账，这个会计行业"惯例"的形成也是有些道理的。只是一个月的确有点太长了，会导致发现差错的时间有点晚，容易错过及时处理问题的时机。

A公司采购员申请支付供应商货款，财务经理在办理好付款后，没有及时将已付款信息告知采购员。结果采购员误以为未付款，在间隔数天后，又提交了同样的付款申请，财务部门未经严格审核，重复将相同款项再次付出。最后月末对账时，才发现重复付款了。

B公司和广东一家供应商一直采用的是预付款结算方式合作的，因为对方的产品质量问题，不打算继续合作。但在 11 月份预付款未清账导致多付款给这家供应商，结果对方一直拖着不愿意把钱退回。

相信有不少公司都出现过这种差错，也都体会过解决这种问题有多麻烦。

怎样才能防止这些差错的出现呢？

我们可以借鉴精益生产"防错"方法，结合自动化的软件系统，有针对性地设置防错机制，来达到这个目标。

第一个防错机制：关联。

银行对账并不是孤立的会计工作，从业务角度看，银行对账是与客户和供应商之间业务往来的闭环动作。用销售过程来举例说明，从接触客户开始，跟进客户、报价、签订合同、发货或提供服务、等待客户付款，直到货款到账，业务才能算真正闭环。把这些业务动作连贯地串成一条线，我们才能抓紧抓实业务。

相应的，作为财务，我们就应该把开票、客户付款、货款到账串成一条线，发票与收款关联起来，收款与银行到账关联，按单形成业务闭环。

同样，对于采购过程，我们应该把收到供应商发票、向客户付款、确认货款付出相互关联，串成一条线，形成业务闭环。我们可以通过软件将单据相互关联、相互校对，重复、错漏收付就可以被轻松地发现并避免。

第二个防错机制：简化。

我们借助软件来通过简化银行对账工作，来缩短对账周期，尽早发现差错。

工欲善其事，必先利其器。要高效率地工作，一定要学会用高水平的软件。借助软件，我们可以做到每天对账，有问题就可以及时发现。

向管理要利润的
四个要点

1.标准化、全流程透明可控的项目管理

作为一个项目经理，需要对项目成员和项目资源进行各种组织、协调；跟项目的各个利益相关方进行沟通；随时把控项目进度，解决项目实施过程中的各种冲突以及项目推进障碍；管理好项目实施前、实施过程中产生的各种文档、记录。最后，财务部门还希望能知道负责的项目有多少投入、又有多少产出，是赚是赔。

随着项目的展开，就会发现电话、小本子和办公软件明显不够用了。ERP的一个小工具可以起到非常大的作用，这个小工具就是"启动工时表"。

举个例子，我们可以创建一个叫作"初步调研"的项目阶段。然后我们再输入"第一阶段项目实施""第二阶段项目实施""第三阶段项目实施""项目交付"几个项目阶段。我们把整个项目的工作任务分成几个阶段来进行组织，这样项目团队和客户在任何时候都可以对项目的整个的开展计划有一个清晰的整体概念。同时，

我们可以根据不同项目的管理需要来自己定义项目阶段，灵活应对。

我们要想管理好一个项目，每一项工作任务，都必须要责任到人。在ERP里创建一个任务时，可以指定这项任务的负责人。

比如我们可以创建一个任务叫"审阅客户提供资料"，可以为任务设定一个截止日期，选择一些分类标签，还可以在编辑栏里输入一些文字、图片、链接之类的内容，用来帮助项目团队中执行这项任务的成员理解该如何开展工作。还可以点击一下工时表，在这里输入一个计划的工作任务完成需要的工时。

在工作任务被实际开展之后，也可以在软件中记录下来是由谁、花了多少时间完成这项工作的。进度是实际累计花费的时间占计划时间的比例，由软件自动计算。这个进度数据在报表里也能看到，是一个非常实用的管理项目的小功能。

及时的沟通交流，是所有项目成败的关键因素。向所有关心、支持项目的领导、同事、朋友及时分享相关的文档、项目进展信息，是一个非常有用的项目管理技巧。

添加一个项目的关注者，意味着当项目有任何变更时，这个人都会被通知到。关注者可以像我们自己一样，看到整个项目的进展。关注者的存在，有时会给我们的项目带来意想不到的价值贡献。我们可以通过这种方式，邀请其他部门同事，关注我们的项目动态，给予支持。我们也可以邀请客户参与部分任务，让客户跟我们一起推动项目的发展。

在对话框中，我们可以看到任务是何时创建、在何阶段变更等信息，任何对任务的变更，系统将自动记录到互动中，也包含我们和客户、同事之间的互动记录，使得任务所有者可以很容易地了解过去的全部互动交流记录。我们可以在这里发送消息给关注者，不管是内部的同事还是外部的客户，都可以在这里录入备忘信息。

在企业的业务流程中，我们预先规划的流程不可避免地存在节点衔接上的缝隙。这时，项目成员之间的密切、无缝交流就显得尤为重要。交流工具就在业务单据界面的旁边，如果有什么问题，顺手就向相关的某人发一条消息。单据的历史变化信息，相关的历史对话信息，也显示在单据下面，随时可以提醒自己。

做项目管理，项目文档管理的水平在很大程度上会影响项目完成的质量和效率。我们有各种各样的与工作任务相关的文档需要管理，例如工作计划、图纸、设计方案、图片等。有时，一张图片会胜过千言万语。用一张真实场景的图片来解释工作任务该如何完成，是一种非常简单、高效的做法。完成工作后拍下一张照片，用来向客户展示工作完成的情况，也能收到奇效。

正如西方人说的，魔鬼就在细节中。细节上非常能体现执行力，而执行力则往往直接影响项目的成败，更进而影响财务报表。下面几张表格，就是有助于项目执行的，供大家参考。

表 6-7　项目财务预算表

项目投入预算明细清单	金额	费用计算详细说明
1. 直接从事研发活动的本企业在职人员人工费		
2. 研发活动直接投入的材料（材料、燃料、动力、样机购置、工装开发、检验等）		
3. 仪器设备的折旧费或租赁费		
4. 新产品（工艺）设计费		
5. 装备调试费		
6. 软件、专利权、非专利技术等无形资产摊销费		
7. 现场试验费		
8. 研究成果的论证、评审、验收费		
9. 与研发活动直接有关的其他费用（包括资料、翻译费等）		
10. 其他可控费用		
项目收益测算	指标数	指标数据计算说明
1. 项目收益测算		
2. 投资回收期计算		
3. 投资回报率计算		
4. 决策财务意见		

表6-8 项目时间节点图

一、项目基本情况

项目名称		项目编号	
项目负责人		制作日期	

二、项目里程碑表

项目时间节点		月	9				10				11				12				1				阶段责任人	输出
		周	1	2	3	4	1	2	3	4	1	2	3	4	1	2	3	4	1	2	3	4		
	事项	日																						
1	项目立项		■																					
2	项目小组成立		■																					
3	需求确认				■																			
4	指标设计				■																			
5	方案设计								■	■														
6	模具开发									■	■	■	■	■	■	■	■	■	■					
7	首样制作																		■	■				
8	检测评估																				■			
9	小批量试件																				■	■	■	
10	项目验收报告																					■	■	

表 6-9 项目小组人员及分工职责

项目名称		项目编号	
类别	项目组成员职责		小组成员签字
项目负责人	1. 客户材料的管理及控制		
	2. 组织本项目新产品的开发，并督促项目计划的执行		
	3. 负责本项目新产品的认可		
	4. 与客户建立产品与技术联系		
	5. 负责本项目人员的组织及协调		
	6. 收集各类产品信息		
	7. 负责项目内部文件的审批		
	8. 对本项目进行保密管理		
技术研发部	1. 提供本项目新产品的图纸、样品、功能要求		
	2. 编制本项目的工艺文件，负责工艺文件的更改		
	3. 对产品质量改进提出建议		
	4. 生产现场的技术指导		
	5. 负责新设备工装工具的确定及制作		
	6. 提出原材料的技术要求和产品的工程规范		
	7. 负责工序能力的验证和关键工序的控制		
	8. 提供产品认可时间并协调项目的进度		
	9. 负责本项目产品所需要的技术标准、材料标准、验收标准		
	10. 负责新设备的验收		
质量部	1. 组织对原材料进行试验和验证		
	2. 组织产品的尺寸及性能的试验		
	3. 向客户提交相关的试验报告		
	4. 组织项目产品的工序检验、最终检验等相关检验工作		
	5. 负责对项目用量检具的管理		
	6. 对产品质量改进提出意见		
	7. 对本项目的文件保密		
生产部	1. 负责产品的制造		
	2. 对产品或工艺提出建议		
	3. 对生产过程中的人员进行考核		
	4. 负责项目新增设备、工装的购买申报		
	5. 负责厂区布置和调整		
	6. 负责对试生产和正式生产计划的编制和落实		
	7. 负责项目设备、工装的管理、维护和使用		
	8. 负责生产过程中本项目的生产资源配置		
	9. 对本项目进行技术保密		
	10. 负责项目新增设备、工装的购买		
	11. 负责配合与设备生产厂家的技术服务人员进行设备安装		
	12. 负责项目设备管理和维护		
	13. 协同技术部对新设备的验收		
综合管理部	1. 负责项目资金的预算		
	2. 对项目开发过程发生的费用进行跟踪		
	3. 对项目成本进行核算		
	4. 对项目文件资料保密		

表6-10　项目验收报告

项目名称			项目编号	
研发时间				
项目负责人				
产品主要功能与用途				
主要涉及技术参数				
验收结论				
验收小组主要成员				
验收时间	年	月	日	

2.精准投入、多维度挖掘客户价值的客户管理

有人说销售是一门艺术，因为每个成功的销售，都有自己独特的销售方法。也有人说，销售是一门科学，因为经过长时间的实践和总结，销售可以形成有效的方法论。成功的销售方法是可以拆解、以供学习的。而我认为，销售是艺术和科学的结合。

我们着重探讨销售过程中的科学，或者更准确地说，我们要探讨销售过程中的数学。我们将会讨论从实践中提炼出来的两个数学公式。

公式一：客户数量×客单价×购买次数=销售额

正所谓大道至简，公式极其简单，却是历久弥新。在当今的移动互联网时代，这个公式更是被互联网巨头们用到了极致。这个公式反映出企业快速做大销售的三个简单但又极其重要的法则：

（1）大众法则：增加客户数量，找到更多客户。

如何找到更多客户呢？

准确定位目标市场，到潜在客户多的地方去找，是一个努力方向。让我们的宣传活动更有效率地接触客户，提高我们推广的精准度是另一个努力方向。管理好销售团队，增加业务员人数、拜访客户次数、提高成交率，这是第三个努力方向。利用数据分析，我们应该还可以发现更多好办法。

（2）大额法则：提高客单价。

提高客单价也有很多方法。我们可以卖高附加值的

产品，基于基本款的产品设计出一些特别款，增加一些客户愿意额外出价的特殊功能、属性，卖给客户更新、更好、更贵的同类产品。我们也可以通过仔细分析客户需求，挖掘出卖给客户更多产品的机会、定价策略。

（3）黏性法则：增加客户购买的次数。

提高客户满意度、客户的留存率，就能赢得持续挖掘客户价值的机会。如同企业的产品有生命周期一样，客户同样也是有生命周期的。客户的保持周期越长久，企业的相对投资回报就越高，从而给企业带来的利润就会越大。通过数据分析，我们可以发现应该在哪些客户身上多下功夫，下什么样的功夫可以留住客户、召回客户，从而提高客户复购率。如果你在外卖平台上订过餐、在网约车平台上叫过车，你会收到一些优惠券。这些平台就是在运用这个法则。

我们前面探讨的公式和三大法则都是以客户为出发点来看问题的。下面，让我们站在业务员角度来看问题。

公式二：销售业绩=商机数×客单价×成交率÷销售周期

这个公式被叫作销售漏斗公式，因其表现出来的数据关系也可以画成一张漏斗形状的图而得名。销售漏斗体现了拿下一个订单的销售全过程，从开头寻找意向客户，中间通过层层过滤，最终销售成交。

这个计算公式告诉我们，商机数、平均客单价、成交率、销售周期是销售业绩的驱动因子。要提升销售团队效能，就要针对每个团队、每个业务员的具体数据，分别从这四个维度上去分析、有针对性下功夫。增加人手、提高每个业务员的客户拜访量应该有助于增加商机数；对业务员进行各种产品培训有可能提高客单价；进行销售技巧培训则应该有助于提高成交率、缩短销售周期。

我们利用商业高手们总结出来的数学公式，就可以系统地对我们的销售过程和客户资源进行分析和思考。我们只需要按照这两个公式指明的方向去收集数据、做出表格，就能清楚地知道应该在什么地方、对什么问题、采取什么行动。但是，现在问题来了，公式中的数据怎么才能收集得到？

要拿到这些数据，我们就需要一套叫作CRM的数字化工具。CRM，中文翻译名字叫作客户关系管理软件，是一种专门用来管理公司和公司员工与客户之间连接、互动的数字化工具，数据就在这些连接和互动中自然而然地收集。

我们可以用CRM进行客户管理。

先创建一个"商机"，顾名思义，也就是一个有可能拿到订单的机会。输入项目名称、客户名称，这是我们第一次找到机会搭上线的客户。"预期销售收入"这里我们填上估计的订单金额。还要预估一下"概率"，这个概率是指赢得概率。

随着我们的努力工作，商机也会逐渐成熟，可以进入下一阶段。当一个商机进入"报价谈判"阶段，我们就需要做报价单，向客户报价。有很多企业这方面管不好，业务员不光乱报价，连报价单的样式都千奇百怪。我们可以通过软件，制作一份漂亮、专业的报价单。填上各种信息，选择产品、输入价格等，这份报价单可以直接用邮件发给客户，也可以打印出来发给客户。

若客户接受，这份报价单就转变成了正式的客户订单。CRM如果是与销售管理模块打通的，那么，在CRM商机卡片上能看到的报价单和销售订单，在销售模块也能看见。同时，销售模块也和财务模块、库存模块是打通的。所以对于销售，我们可以用ERP做到从第一次接触客户开始到最终成交、收款的全流程数字化管理。我们最终拿到的，也会是从前到后相互关联的数据，这样的数据才会有分析价值。

选择数字化系统时不要追求功能复杂性，保持简单。能分阶段逐步打通企业内外部流程、数据，把数据串联起来才重要。现在我们知道了分析方法，也找到了办法收集高质量的数据。下一步，自然是用这些数据和我们上面教的方法去分析数据。

3.不同于传统核算会计的分析会计

看财务报表是一件令人幸福的事情吗？恐怕很多老板都要给出否定的答案。跟老板一起看财务报表是一种煎熬，还是一种享受？恐怕很多财务人员都要笑而不语。

我的一个客户，身家已经过亿。在我为他做咨询的时候，他告诉我，他从来都不看财务报表。说这话的时候，他的财务总监和财务经理就在旁边。

　　当看到他们做的财务报表后，我就告诉两位同行，我们不能假设老板是经过多年财务训练的专家，也不能不切实际地希望老板能从一大堆数字中，看出我们自己都说不明白的故事。我们做出来的报表，应该是老板能看懂的报表，我们应该做到让报表自己会给老板讲故事。

　　无论我们有没有使用ERP软件，也无论我们在使用什么ERP软件，我们都可以从各种软件、各个地方拿到很多数据。公司的各部门，也会做各式各样的报表。如果我们能够在这些数据和报表里面，增加一些有利于我们进行深度分析，把各种业务数据串联在一起的维度，那么我们做出来的报表，可以有更大的价值。

　　例如我们只要在记录的所有费用数据中，加入部门这个维度，就可以很容易地知道每个部门到底花了多少钱，也很容易进行部门之间的比较；我们也可以在所有收支中，加上项目这个维度，就可以很容易地查到，每一个项目到底赚了多少钱、用了多少材料、耗费多少人工；同样，我们只要在所有收支中，加上产品线这个维度，就可以轻轻松松地分析某条产品线的盈利能力到底怎么样。

　　传统的财务软件，只能在会计科目表里，设置一大堆的明细科目；或者为科目启用各式各样的项目核算功能来达到为数据分析服务的目的，这是在传统核算会计上，打了一个补丁。

我们先确定一个分析账户，比如"车间改造"。这个账户可以有多个层级的分组，可以选择分组对应的公司。如果分析的账户较多，可以把多个分析账户放到一个组里，从而方便查询这个组里每个账户的数字，或者这个组的汇总数据。

假设我们为了车间改造，从南通永利钢贸公司买了一批工字钢，打算直接交给车间施工现场使用，不打算做入库管理。分析账户这里我们选择"车间改造"，输入数量和价格后，就会出现一条相关的记录。

我们还可以看到分析报告。在这个报告里，所有分析账户在特定期间的金额都会显示。比如现在我们可以看到某个月的数据，也可以看某个季度、某一年或自己设定一个时间段的数据。同样的，利润表也可以变成一张项目利润表，汇总所有跟这个项目相关的数据，并且算出利润是多少。

我们也可以分析费用，比如"市场推广费用"。当发生一笔市场推广费用时，我们先分析的第一维度是"销售部"，我们希望把宣传单页的费用，算入销售部的责任中心利润表里。

供应商帮我们制作了一批产品手册。我们在分析标签这一栏里选择"产品手册"，输入数量、价格。经过上述的操作，我们就可以在软件中看到，产品手册这里有两条记录。一条记在"市场推广材料"账户下面，一条记在"销售部"账户下面。这是因为分析项目分录，根据分析标签里所列的每一个分析账户逐条生成，这是非常好用的功能。我们可以用分析标签来处理，需要同时进行多个维度分析的业务。

现在让我们转到项目管理模块。我们新建一个项目，就叫作"厂房节能改造工程"。我们可以为这个项目设置多个阶段，"调研""设计""施工""验收"。我们还可以为每个阶段定义一些工作任务，比如在"调研"阶段，我们输入一个"同行业项目参观学习"，系统自动帮我们在财务模块里创建了一个叫作"厂房节能改造工程"的分析账户。

一个好的ERP的项目管理功能应该和财务核算、管理是打通的。业务部门用项目管理模块管理项目的同时，财务在对这个项目用分析会计功能进行管理，这才是我们想要的业财融合。

4.用产品变体功能加厚利润、降低成本与风险

很多民营企业老板都在为不断降低的利润率头疼。但是，我们也可以看到不少优秀的企业通过产品的复合化、定制化，采用产品差异化策略来满足各种客户需求，赚得盆满钵满。

2019年8月28日，青岛某食品股份有限公司在上交所主板上市。这家公司股票开盘一字涨停，涨幅为44%。该公司90%的产品是为客户个性定制研发，圣农

食品、正大集团、诸城外贸、中粮肉食、九联集团、呷哺呷哺、味千拉面、鱼酷、永和大王永旺（佳世客）、无印良品、全家都是它的客户。

该公司 2018 年销售量超 1.5 万吨，产品品种多达 1900 余个，年平均单位品种销售量仅为 7~9 吨，是典型的"多品种、小批量、订单式"的生产模式。具有个性化定制优势，公司就会有产品定价权，公司的客户也优质，也容易做到高毛利率和高盈利水平。

2003 年，某家居公司率先在中国推出定制衣柜。2013 年，该公司决定从定制衣柜，向全屋定制进发。2008 年，该公司还只是众多家具厂中并不起眼的一个，一年的营收不过 2 亿元，利润也只有 2000 多万元。2018 年它的营收规模达到 73 亿元，增长近 37 倍，净利润 9.59 亿元，增幅约 48 倍，10 年复合增长率接近 50%。

别人的成功经验看起来简单，但是实际做起来却并不容易。我服务的一些客户老板就发现掉进了坑里。他们尝试了走定制化道路，开始接一些客户有定制要求的单，却发现采购找材料难、谈价格难，生产车间会经常装错零部件，仓库会出现一大堆呆滞料，最后一算账，还不如常规产品赚钱。

其实，我们需要注意到，基本上所有走定制道路成功的企业在总结自己的经验时，都会提到"拥有大规模柔性化定制生产能力、高度信息化与自动化的工厂及生产管理系统""自己能够很好地解决定制产品个性化与规模化生产之间的矛盾"是成功的主要原因。

下面我们讲两个具体的例子来解读这些成功经验。

（1）用变体来灵活设置价格策略。

现在假设我们是一家家具制造企业。我们推出了一款餐桌，可以由客户根据自己喜好，从我们提供的选配清单选择桌面、桌腿。

比如在"桌面"这个模块里，能从"黑色大理石""白色大理石""橡木"这三种属性中选择。再如法炮制，桌腿属性有两个选择："不锈钢"和"橡木"。

用这种方式等于同时创建出来 6 种产品，但是我们根本不用重复输入 6 个大同小异的产品信息。另外，还可以设置"额外属性价格"。

这是什么意思？有人还记得，当初苹果手机推出的玫瑰金的 iPhone 6 吗？换了一个外壳颜色而已，居然被黄牛额外加价 2000 元。我们的"酷炫魔法随心定制餐桌"是不是也可以用这种价格策略？

如果客户选择白色大理石，需要额外付 3000 元，洁白如玉的白色大理石很稀缺。黑色大理石，则需要加 2500 元。橡木的桌面有美式格调，也有不少客户会喜欢，需要加 1500 元。不锈钢桌腿，作为基本配置，不加价，橡木桌腿加价 500 元。

当我们设置好，软件里的标价已经自动帮我们算好了，不同的配置，价格不同。不同客户都有不同喜好，有些客户会为自己的额外爱好毫不犹豫地多付钱。而我们只需要把客户的这些喜好，变成我们这里属性值和价格，我们的利润表就可以变得更漂亮。

（2）用变体来简化BOM维护和成本管理。

为客户生产一件个性化定制的餐桌，我们可以直接在软件上操作，比如"黑色大理石桌面"，数量1；"桌腿：橡木"，数量4。可以直接在软件中进行勾选，免去了人工输入的麻烦，还避免了人工输入可能产生的错误。当我们的产品有更多属性可以灵活组合时，这种处理BOM的方法优势就会更加明显。

现在让我们来下一张生产单，给车间安排生产。客户选择了"黑色大理石桌面"+"橡木桌腿"这种组合，系统已经自动按我们输入的BOM自动算出来我们需要"黑色大理石桌面"×1、"橡木桌腿"×4。

这样我们可以用一张生产单，清晰地告诉生产车间该生产什么产品、该把什么材料装在一起，工人只需要"照方抓药"就好了。

向效率要利润的三个方法

1.物资需求计划管理（MRP)

利用ERP实现从销售订单到制造订单、采购订单的基本流程自动化。

企业的资金周转速度快慢，在很大程度上，取决于企业接到客户订单后的流程响应速度。如果我们仔细分析，会发现这个流程就算按最理想、最顺畅的情形去设计，都比我们想象中的要复杂。如图 6-1 所示。

而现实情况，很可能更糟糕。因为流程需要人去运行，员工可能有无数的理由，犯类似于忘记跟客户打电话确认信息、以为同事会看到群里的消息、不知道该找谁去催促要货等"很低级"，但是似乎难以避免的错误，导致公司不能按时交货，或者交付错误的产品。如图6-2 所示。

我们金财服务的一个老板，在请我们做咨询之前，就因为受不了这些问题的纷扰，专门请了一个职业经理人。这位职业经理人觉得，问题出在员工不负责、不敬

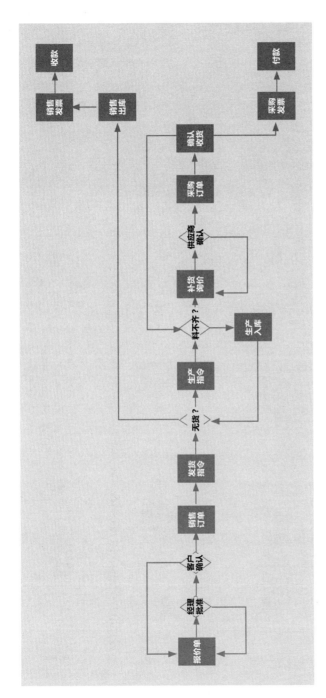

图 6-1 理想流程示意图

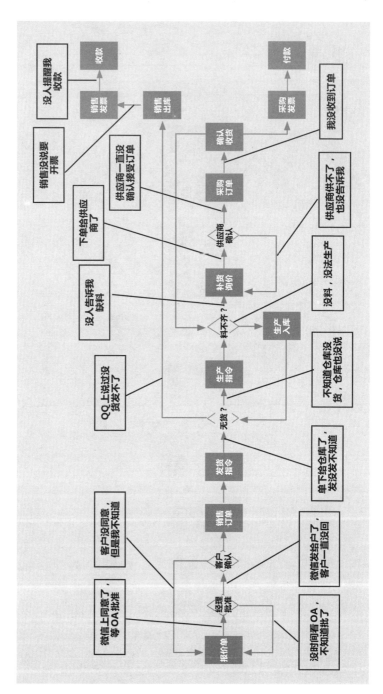

图 6-2 实际业务流程示意图

业，所以开始推行KPI考核。

员工在KPI指标的驱动下，为了自己的年终奖，努力工作，相互较劲。结果到了年末发现，企业问题更多更严重了，而且存货还增加了50%！

事实上，这家企业真正的问题在于流程混乱、职责不清。

我们将通过讨论ERP从销售订单中生成制造订单、采购订单的不同方法，利用ERP简单而又极其灵活、实用的功能，打通企业从销售到生产再到采购的全流程。运用大财务管理智慧，通过IT手段进行固化，来提升我们的资金周转效率、保证我们的交付质量和速度，凸显我们的竞争力。

首先，我们会讨论在MTO，也就是按单生产模式下，如何从销售订单触发，生成制造订单，再从制造订单触发，生成采购订单。

接着，我们会一起看在MTS，也就是按库存补货生产模式下，"可库存产品"的销售订单会如何触发来生成制造订单。

最后，我们将讨论产品套件销售。

（1）按单生产模式：由销售触发制造进而生成采购。

从销售到生产到采购全流程，往往涉及企业内多个部门、多个岗位之间的复杂协作。从销售订单中触发制造订单的创建，并从制造订单中创建采购订单。

举个例子，我们将创建一个产品"复古款电脑"。这是一个需要简单装配才能交货的产品，我们希望按单生成，平时不留库存，这样可以避免形成呆滞存货。

可以在ERP上对这个产品进行详细的设置，比如"复古款电脑"的组件是一款"标准款电脑"，我们可以以一个确定的价格，从固定的供应商随时买到。对这个"标准款电脑"的价格、供应商、性质进行设置后，回到"复古款电脑"，为它创建一个材料清单，也就是BOM表。

让我们快速为"复古款电脑"添加上"标准款电脑""复古机箱"和其他材料部件，然后保存BOM，并创建一个新的销售订单。

假设我们的客户"艾克思"想买一台"复古款电脑"，当我们确认这个销售订单时，软件就会自动创建一个"交货"订单。同时，生产单列表有了一个对应的生产单，销售订单就是这份生产单的来源。在这个列表视图中，我们能看到材料可用性这一栏上显示为"部分可用"状态，这意味着这份生产单正在等待一些材料，还不能开始生产。

我们打开这份生成单，可以看到在"消耗的物料"页签上，一些明细行是黑色字体，一些明细行是红色字体。黑色字体表示相应的物料已经准备好了，而红色字体则表示相应的物料还缺料。

采购询价单是软件根据制造订单自动创建的。因为"标准款电脑"被配置为"按订单生成"的产品，所以当我们确认复古款电脑的销售订单的时候，这份采购询价单也就被自动生成了。假设供应商已经接受了这份订单，询价单就会自动转变为采购订单。

让我们再假设，供应商已经把货物送到了。我们会发现有 1 份单据待处理，正是我们前面的采购订单订的货。确认收到货物，"标准款电脑"进入我们的库存。

此时，所有材料都齐了，订单的状态也被列为"可用"。这是因为原来在等待收货的"标准款电脑"已经到货了，我们可以开始生产，当我们生产出一台"复古款电脑"，我们就可以把它交付给我们的客户。可以看到交货单这里，有单据在等待我们发货，我们只需要在"交货单"上点击"确认"就可以了。

（2）按库存补货生产模式下的订单处理。

让我们仍旧从销售模块开始，创建一个新的销售订单，再次卖给客户"艾克思"一个新的产品——"计算机 SC234"。假设我们库里有 3 台这款电脑，客户下了一份 5 台的销售订单。因为将出售更多的产品，数量超过已有库存。因此，ERP 会提醒我们库存不够，我们至少需要再生产 2 台，才能满足客户的需求。为了交付这份订单，我们将需要创建一份生产单。

ERP 软件中的"调度器"会自动检查我们的库存数量、再订货点等数据，并自动生成相应的采购、生产订单补足库存。实际上，调度器是按我们设定好的周期自动运行的。默认的周期是每天运行，我们也可以在后台根据自己需要进行调整。

现在，我们可以看到一份生产单已经被自动生成，要求生产 12 台"计算机 SC234"。为什么是 12 台？这是因为针对这个产品，我们设定的最小库存是 2 台，最大库存是 10 台，当调度器运行时，如果预计库存数量少于设定的最小库存数量，调度器将自动设法获得足够的产品入库，以使库存数量达到最大值。在我们的例子里，我们仓库里有 3 台，有 5 台订单要交付，所以预计库存数量将变为 -2。因此，调度器创建了 12 台的生产单，将预计的库存数量带回 10 台。

现在回到生产订单，发现我们没有足够的材料来制造 12 台电脑。系统会自动下一份新的采购订单，我们只需要确认这份订单，把这份订单上的产品采购入库，仓库的预计数量就会恢复到我们设置的再订货规则中所定义的数量。

假设货物已经收到，入库记录完成，就会发现我们已经有足够的物料库存，来生产整个订单。最后，我们可以回到销售订单，就可以交货完成。

（3）产品套件销售。

"套件"是会列在销售订单和销售发票上的、作为一种产品的产品组合。但是，在交货单上，这种产品会被拆分为产品清单上的详细物料或产品。

首先，我们需要设置一个可以最终销售的产品，我们称它为"客户个性化定制电脑"。在每次采购这个产品时，系统会自动创建相应的一组产品的采购订单。在软件中输入套件中包含的物料或产品，快速地添加上一些部件，然后使用"套件"功能。

接着，我们创建一份报价单，添加一个客户，并添加我们的"套件"产品"客户个性化定制电脑"。当我们确认销售订单，并进入交货单时，软件根据材料清单（BOM）自动拆分出来的组件出现在交货单上，而不是上一级的套件产品。这些产品都在"等待其他作业"，因为"客户个性化定制电脑"是"按订单生成"，系统会自动生成采购订单，购买组件的采购订单。

交货完毕，可以看到我们创建的发票上，"客户个性化定制电脑"是唯一的产品项。

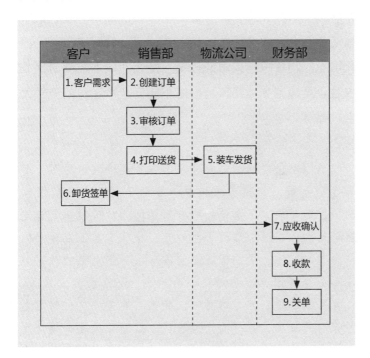

图 6-3 销售业务流程图

通过以上三种模式的讨论，相信您已经发现，ERP能非常高效地把前沿的IT技术和战略规划、流程梳理能力结合在一起。在人工操作容易出现错误、遗留、重复的环节，我们利用 IT 自动化，来规避人为错误带来的风险；而在整个流程中的关键管理环节，我们又可以充分利用人的判断力和主观能动性，充分发挥人的价值。

2.采购业务的闭环管理

所谓兵马未动，粮草先行，物资就是我们绝大多数企业冲进市场拼杀必备的粮草。在中国，按营业成本算，对于工程类企业，物资成本平均占比 58.9%；生产制造类企业，占 71.3%；贸易类企业，高达 91.5%。由此可见，物资采购成本的控制，是企业成本控制的核心内容，是决定企业在市场中能不能有竞争优势的一件大事、要事。

我们有位广州的客户，经营一家生产制造集团，下属 4 家公司，年物资采购量有 5 亿多元。在我们做咨询项目的时候，王总说起物资采购问题就皱眉头。首先是采购和业务两个部门天天吵架，每次车间说缺料影响到生产的时候，采购部就说业务部门需求提报的时间太晚，业务部门说采购部门不会花钱、买东西速度太慢。各有各的道理，但是缺材料，受损失的是公司，部门之间花时间扯皮，买单的还是公司。这种账，越算越让人心烦。

王总还跟我们提到了希望管理采购价格和总体采购成本的想法。他想随时能看到一些关键物资采购价格变动的情况，希望数据能完全来源于系统，而不是像现在一样由采购人员从目前的系统中导出来，加工后再交给他。如果能看到这些数据，早点发现不对，他也能及时干预，防患于未然。

但是，主管采购的刘总说，4家公司所需物资有1000多种，种类太多，不好管。跟老板提过上一套软件，一直没上，现在只能用Excel表格算算，难免出现人为错误。给王总看到后就总觉得所有数据都不对，他们也没动力做分析了。对于采购价格，刘总也觉得为难，质量高的材料价格肯定也高。

至于跟业务部门吵架的事，刘总承认有时候确实给供应商下单晚了。需要采购的物资实在太多太杂，平时事也多，安排给员工，但是员工忘了，出了点小差错，业务部门就揪住不放。而且，有时候就是业务部门提报需求晚了，采购员也努力催了，供应商做不出来，物资没办法及时到，才误的事，这种问题不能算在采购头上。而且，每次发生这种事的时候，都是他到各个部门去协调，用自己的脸面去压着供应商解决问题。每每这个时候，就感觉一个脑袋两个大。

主管生产的李总说，虽然业务和采购之间的分歧跟他们没什么关系，但是他们要求把符合质量要求的物资按他们要求的时间提供到位。公司利润跟所有部门都是相关的，是需要权衡确定的。价格低的物资，一般情况下质量稍微差一些，但很有可能在这省的钱，在售后服务又找回来了，业务人员费时费力不说，很可能公司整体成本还会增加。

各位企业家朋友，听完王总的故事，有没有感觉似曾相识？我们给企业做咨询的时候，就经常见到这种场景。对于该怎么解决这个问题，我们也有非常成熟的、可落地的解决方案，在这里，我简单分享5招。

（1）合格供应商目录制度。

供应商管理，是物资采购管理的核心和源头。供应商的选择、优化、淘汰，与公司对产品质量、供货及时度、付款信用管理等多个维度息息相关。公司要成立供应商管理委员会，由董事长或主管运营的副总当组长，物资采购部门、业务部门、财务部门、法务部门为组员。

物资采购部门为主责部门，负责制定供应商管理的各项管理制度及流程表单，根据公司产品的市场定位、质量要求、售后服务、供应商行业地位、经营情况等因素，通过委员会决议来确定公司不同产品的供应商，形成供应商管理明细表，为采购人员接下来的询价提供可选择的供应商清单。这个清单，可以按月按季度进行评审、更新。

供应商管理好了，公司所需物资的质量、价格框架基本就确定了，供应商范围也确定了。这样的话，王总、刘总他们对物资采购业务的管理，就有了抓手和基准，公司整体物资采购成本，已经框定到一个范围了。我们把合格供应商录入ERP软件。如果一个供应商在目录里，我们就把它的状态设置为"有效"。如果一个供应商在定期评审时没有通过，就设置为"归档"，就不能再向它下订单了。

在ERP系统的产品数据库里，如果这个产品已经有选定的供应商，我们也可以把供应商名单以及相应的价格、采购条件录入产品数据库里，预先设定好下单时可以选择供应商范围。

（2）物资需求提报管理。

物资需求提报管理是采购物资有效使用的关键，物资需求计划的有效性是提高整体物资周转率的关键。业务部门根据生产计划对各类物资的需要，结合物资采购周期，提报物资需求计划，明确需求物资的种类、数量以及到货时间。

业务部门是物资需求计划的主责部门，对计划的准确性和合理性负责。为保证计划的有效性，需要严格审核程序，审核岗位承担相应的责任。物资需求提报管理也最好通过软件管理，避免人工失误和沟通误解造成的麻烦。我们可把已经确认的物资需求录入 ERP 系统，作为询价单发给供应商。

询价单可以是仅用于询价，要等供应商确认价格才转成采购订单；如果价格是已经预先和供应商协商好了，供应商就只需确认能接单就好了。我们可以用 ERP 软件直接报询价单发给供应商。

不过，如果我们用了 ERP 软件，我们还有更自动化的方法。对已经签署季度、年度等周期性采购合同的物资，可以设置库存管理策略。

ERP 系统会自动定时进行运算，当侦测到实际库存低于安全库存时，就会自动触发需求提报，生成采购订单。采购部门只需要确认一下，就可以发给供应商。

把制度、流程、规则预先制定好，设置在 ERP 软件里，让软件自动运算，帮助我们执行业务，就能非常清晰地分清业务部门和采购部门的职责关系，减少两个部门之间互相扯皮。通过这样的管理，王总他们的烦恼肯定会少很多了。

（3）询价过程管理。

询价管理的重点是公平公正合理，在供应商之间形成有效竞争，争取公司物资采购成本整体合理。询价环节也是物资采购，是比较容易发生贪腐的环节。我们可以利用 ERP，来实现这个环节的透明化管理。

采购人员收到物资需求单后，在系统中录入询价单。或者，就像我们上面说过的，ERP 根据预先设置好规则自动计算，自动生成询价单。采购人员确认询价单后，发送邮件。

供应商收到邮件后，进行报价，回复邮件。采购人员根据供应商的报价，确定供应商，确认询价单，形成采购订单。所有询价过程的信息，系统均会保留。有了清晰的询价过程记录，透明度高，过程就更可控，结果就更可控。

（4）采购数据分析管理。

正所谓，无数据不管理。物资采购管理中，数据分析也非常重要。因为市场的变化很快，我们需要随时掌握供应商、物资、价格的变动和一些累计数据，为决策做依据。如果我们已经用 ERP 来管理询价单、采购订单、采购入库单、采购发票等各种单据、数据，做到了过程系统化、数据采集自动化，我们就能确保各类数据的完整、准确性和及时性。而生成报表、实时呈现结果，正是软件系统的强项。

如果你喜欢这个报表样式，你可以在软件上把它收藏起来，也可以用手机登录ERP，查看这些报表。方便，快捷，这正是ERP的优越性。

（5）采购事务管理。

如果公司需要采购的物料种类很多，物资采购方面的事情就会变得琐碎而且复杂。通过会议或邮件安排的事情，如果只是随手记录在一张纸上，是很容易被遗忘或遗漏的。不光是经办事情的采购员自己会忘，安排事情的老板自己也有可能会忘。等到出现问题，就只拍大腿了。

我们其实完全可以启用ERP的事务安排功能，针对这张单子进行一些工作安排。比如我们可以安排一个"待办"事宜，跟"供应商"再次确认能否供货，对截止日期进行设置。

单据下面有一个"计划的活动"，现在是绿色的，因为离我们设定的提醒日期还有几天。修改一下这个时间，这个活动变成黄色了，这说明时间已经到了，得赶紧办。我们再改一下时间，已经过了到期日，就变成了红色。红色警告，得赶紧补救。每张采购订单，只要我们安排了一个事务，软件都会按颜色给出直观的提醒。

ERP可以把老板、经理安排给每位员工的工作，直观地显示为一张时间、业务的二维平面图，清晰地告诉每位员工都应该干什么事，在什么时间之前办完，员工也可以轻轻松松地管理自己的工作。每张采购单按计划日期，非常明了地列在了日历里，采购员用这个日历跟进供应商就很简单了。这样，王总公司的采购工作就真正实现业务的闭环管理：有安排、有实施、有检查、有交付成果。

各位企业家朋友，我们不仅解决了物资采购本身的问题，还涉及了与我们企业其他部门相关的业务执行力问题，把PDCA循环管理理念与我们的业务管理对接起来，真正提高我们企业整体的执行力。

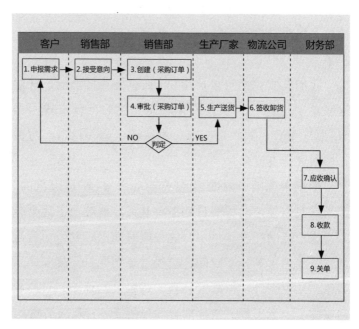

图6-4　采购业务流程图

3.全面连接，三位一体

三位一体指的是哪三位呢？单据流、审批系统、即时沟通系统。

现代企业竞争，速度是非常重要的竞争力。

两个人到森林玩耍，很不幸地"偶遇"了一头熊。看到熊向他们奔来，一位老兄拔腿准备开溜，却见他的朋友不慌不忙地从包里拿出跑鞋换上。这位兄弟很奇怪，问他朋友为什么不赶紧逃命，却蹲下来换鞋。他的朋友说："我们是肯定跑不过熊的，但是我能跑过你就行了。"

你看，比对手"快"是多么重要的竞争优势。速度有时会直接决定一个企业的生死。

一个企业，选择进入了一个目标市场之后，能不能赚钱，很大程度上取决于企业运营流程的效率高低。对客户需求的响应速度比对手快，就能比对手多三倍以上的机会拿下订单。从接单到交货的流程快，存货周转的速度就快，用同样的资金就能做更大的生意。

在这一点上，富士康用他们的 982 原则给大家做了典型的示范。富士康用 2 天交 98% 的订单的货的能力，做到了永远比对手快一步，让对手一直追不上。

很多民营企业正是在这方面存在问题，所以才会"压力山大"。老板可以问问自己，在你的企业里，是不是存在下面的问题。如果是，就说明你有改善空间，有机会赚更多钱。

第一个问题：忙乱。企业里大多数员工都很认真地在忙，却不容易出有价值的成果。老板也成天被各种鸡毛蒜皮打扰，不胜其烦。

第二个问题：等待。在需要快速响应的关键事项上，员工表现得很被动，经常处于等待状态。

员工经常茫然地等待指令，中层经常开议而不决的会议，老板经常是出了事才知道。"领导现在不在，等会儿再来吧""审批还在走流程，再等会儿吧""主管今天外出见客户了，只能等明天讨论了"，各种等，等得花儿也谢了。

有些企业是员工碰到事情不知道该找谁沟通，只好等；有些企业需要逐级挨个找领导签字才能办事，也得等；还有些企业找谁都不好使，只好排队找老板一人，必须等。

等待是一种非常高昂的成本。在忙乱和等待中，时间在悄悄流逝，宝贵的机会被一个个错过；资金周转越来越慢，企业的运营效率越来越低。结果一定是"成绩不突出，腰间盘突出"！

问题怎么解决？

四化建设：制度流程梳理；借助高效的软件系统，实现业务驱动，打通整个业务流程，实现工作沟通"零距离，零等待"。

有很多学员在看了我们的课程以后，行动力很强，立即购买软件，却不看清楚该买什么软件。到处打听，看朋友、客户在用什么软件，跟着买，结果跟客户、朋友一样，买错了软件。在这里，我给老板和财务同行们一些提醒，买软件，或者更准确地说，企业数字化，是一个系统工程，一定要整体规划、分步实施，最适合自己的才是最好的，最贵的不一定是最好的；价格便宜的，可能并不意味着廉价；大家都在用，只是说明这个软件能解决大多数企业现在的问题，并不一定先进。

什么样的软件在今天能被称为先进？关键点就是连接。

为什么会有这么多人用微信？用腾讯的宣传广告来说，就两个字"连接"。腾讯认为，微信就是一个"连接器"，连接了 10 亿多人。现在，腾讯又在推广企业微信，因为它想连接 4000 万家企业。仔细想想，"连接"的价值真的太大了。老板们就是因为与客户连接的能力很强，才能把企业做到今天这个程度。

其实，我们上面说的"业务驱动、打通整个流程"和这里说的"连接"本质上在说一回事。但是，做生意时的"连接"和人与人进行社会交往的"连接"有一个很大的不同。生意的连接，不只是两个老板之间的连接，还是两个公司、两个公司里一大群人之间的连接，两个公司之间和内部业务单据的连接。在这个连接中，有货物或服务交付、资金流转，有业务单据传递，有外部的业务沟通、谈判，有内部的讨论、审批。并且，这些各种各样的互动是相互影响的。

我们金财的一个客户，刚买了ERP软件就发现，他们还需要OA，因为他们买的ERP软件没有审批管理功能，用了ERP，报价、报销还是需要手工签单子。他们在准备买ERP时，问我的意见，我告诉他们，买了OA应该还是解决不了问题。因为员工之间的沟通仍旧会是在微信、QQ里。员工仍旧会用微信向老板请示汇报，OA将会成为一个仅仅保存批准"证据"的文件保管器。

我们真正需要的是一个能为人所用的工具，一个业务单据流、审批流、即时沟通流三位一体的全面连接工具，一个三流一体的软件系统。这个软件系统应该有下面这些功能：

技术点一：与单据关联的沟通机制。

我们需要有聊天式的工作交流，因为反馈应该及时，沟通才能顺畅。写申请、批申请这种沟通、反馈速度太慢，这也是为什么有些企业买了OA，却发现员工不喜欢的原因。

但是，工作不能成为闲聊天、乱灌水，正题很重要。用微信沟通，很难解决这种问题。建工作群、为工作群立规则，会有点用，但是会有错漏关键消息误事的问题。我以前怕误事，每天会花时间把工作群里的消息翻一遍，从一大堆与工作无关的闲聊里，寻找重要消息，真的很浪费时间。

技术点二：与单据关联的日程提醒。

我从开始用苹果手机的时候，就喜欢上了里面的日程管理功能。日程的作用就是确保"在对的时间点，出现在对的地方，做对的事情"。因为遗忘和无规划带来的时间成本真的很高。当你与客户约定了下一次面访的时间，只要在日程软件里设置一个提醒，到相应的时间，系统就会自动提醒。日程管理软件，就像一个装在手机里的小秘书，能够随时随地地提醒你重要的事情。不要忘了给客户打电话、不要忘记赶飞机。

日程管理功能，在阿里的钉钉里也有，腾讯的企业微信也有，微软的OFFICE365、outlook也有。但是，这些软件没有办法把日程与某项具体业务，比如报价单、工作任务、销售发货等关联。所以，用来记录私人事务不错，记录公司的事务就还是比较麻烦。

技术点三：与业务相关的文档管理。

我们做业务会产生大量文档，也会经常用到各种文档。但是，如果你没有一个高效的文档管理系统，当需要从"小山堆"一样的文件中找到具体的某一份文档，或者要从客户名单中找到具体的某个客户时，浪费的时间就不是一点点了。因为找不到文档丢掉客户、丢掉订单，损失就更大了。

通过电子化文档存储、便捷式文档搜索，客户资源、项目资料合同信息等，都可以分门别类地存储于相应的电子文件夹中，知识共享、资料查找就会很方便。

很多软件都有文档管理功能，一般的OA软件会有，企业微信、钉钉这种软件也有一些比较简单的文档管理功能。不过，问题仍旧是这些软件因为没有ERP功能，业务单据不在里面。所以，文档不可能做到与业务关联，给业务带来的便捷性很有限。一般员工使用意愿不是很高，达不到提高效率的目的。

我们在视频课程中展示了更高级的与业务关联的文档管理功能。通过我们的演示，你可以看到有了这些各种与业务关联的功能。软件就成了你和你的每一个员工的一个全天候助理，不知疲倦、不会要加班费，督促、提醒、协调你和你的员工，把办每一件业务需要的资料准备到你们手边，这才是你需要的软件！

工具

重要经济事项表

在一些财务管理中，民营企业暴露出来的突出问题，就是重大经济事项管理工作不规范。由此，进一步导致民企老板决策失误，给企业财产造成重大损失。为了保护企业的财产安全，从整体上提高民营企业的管理水准，建立并执行规范的企业重大经济事项审批机制，就显得尤为重要。

本工具可为民营企业制定自己的《重要经济事项表》提供一个具体参考，根据自己企业的情况可灵活调整，从而做到真正建立并执行，也更有利于保障企业各项规章制度的落实，从而确保企业重大经济事项都能够高效运行，也真正做到责任到人。

这样，民营企业不仅可以增强防范及规避经营风险的意识，还能提高系统控制与管理重大经济事项的能力，从而规范企业经营行为，并从根本上提高民营企业的管理水平。

表6-11　重要经济事项表

经济事项	工程部	采购部	营销部	各事业部	行政后勤部	人力资源部	法务	会计	财务经理	分管领导	财务副总	总经理	董事会	董事长
一、财务管理事项														
1. 投资、融资方案									发起		审核	审核	审核	批准
2. 聘请、解雇会计师事务所、评估事务所等中介机构									发起		批准			
3. 账户管理（开户、销户、开通网银、印鉴更换）									发起		批准	批准		
公司内账户间资金划拨									发起		批准			
提取现金									发起		批准			
4. 资金管理　跨公司之间的资金调拨（适用新公司）　金额≤200万元									发起		批准			
200万元<金额≤500万元									发起		批准	批准		
金额>500									发起		审核	审核		批准
5. 无风险短期理财方案									发起		审核			
6. 利润分配方案											发起	审核	通过	批准
7. 公司纳税方案									发起		审核	审核		批准
8. 税务核查、稽查意见回复资料									发起		审核	批准		
9. 有价证券、储值卡的定购								发起	审核		审核	审批		
会员卡、储值卡的领用				发起				审核	审核		审核	审核		
应收、应付款坏账处理								发起	审核		审核	审核		批准
10. 资产处置　资产报废及处置					发起					审核	审核	审核		批准
废旧物资处理					发起					审核	审核	审核		批准

续表

二、资金支付及费用报销

1. 金额超过100万元的支付事项，必须经过董事会审核，相关合同经过董事会书面审核通过的除外。

经济事项	工程部	采购部	营销部	各事业部	行政后勤部	人力资源部	法务	会计	财务经理	分管领导	财务副总	总经理	董事会	董事长
2. 采购业务付款　有合同付款　金额≤30万元		发起						审核	审核	审核	批准			
30万元<金额≤50万元		发起						审核	审核	审核	审核	批准		
金额>50万元		发起						审核	审核	审核	审核	审核		批准
无合同付款（需有定价批准）　金额≤2万元		发起						审核	审核		批准			
2万元<金额≤5万元		发起						审核	审核	审核	审核	批准		
金额>5万元		发起						审核	审核	审核	审核	审核		批准
3. 技术及中介服务合同支付　金额≤2万元				发起				审核	审核	审核	批准			
2万元<金额≤5万元				发起				审核	审核	审核	审核	批准		
金额>5万元				发起				审核	审核	审核	审核	审核		批准
4. 费用报销（依据费用报销制度）						发起		审核	审核	审核	审核	审核		批准
5. 返利、辞退补偿、困难补助						发起		审核	审核	审核	审核	审核		批准
6. 工资奖励发放　工资						发起		审核	审核	审核	审核			
年终奖、年薪兑现						发起		审核	审核	审核	审核	审核		批准
7. 缴纳税金　纳税额≤20万元								审核	发起		审核	批准		
20万元<纳税额≤50万元								审核	发起		审核	审核		批准
纳税额>50万元								审核	发起		审核	审核		批准
8. 备用金借支　借款金额≤2万元		发起	发起	发起				审核	审核	审核	批准			
2万元<借款金额≤5万元		发起	发起	发起				审核	审核	审核	审核	批准		
借款金额>5万元		发起	发起	发起				审核	审核	审核	审核	审核		批准
9. 工程类业务付款　款项≤5万元	发起							审核	审核	审核	批准			
款项>5万元	发起							审核	审核	审核	审核	审核		批准
10. 交纳非工程类保证金、支付代垫款项、退保证金押金的抵押				发起				审核	审核	审核	审核	批准		
11. 支付非投资涉及的抵押、担保等费用				发起				审核	审核	审核	审核			批准
12. 归还银行贷款本金　支款金额≤5万元								审核	发起		审核	批准		
支款金额>5万元								审核	发起		审核	审核		批准
利息								审核	发起		审核	审核		批准

续表

经济事项		工程部	采购部	营销部	各事业部	行政后勤部	人力资源部	法务	会计	财务经理	分管领导	财务副总	总经理	董事会	董事长
三、非正常经营付款															
1. 罚没性支出、赔偿、滞纳金	金额≤5万元	发起	发起	发起	发起	发起	发起		审核	审核	审核		批准		
	金额>5万元	发起	发起	发起	发起	发起	发起		审核	审核	审核		审核		批准
2. 捐赠或赞助款						发起			审核	审核	审核		审核		批准
3. 投资分配、股东借款本息									发起	审核	审核		审核		批准
4. 投资、融资方案									发起	审核	审核		审核	审核	批准
5. 聘请、解雇会计师事务所、评估事务所等中介机构									发起	审核	批准		审核	审核	
6. 账户管理（开户、销户、开通网银、印鉴更换）									发起	审核	批准				
	提取现金								发起	审核	批准				
7. 资金管理	公司内账户间资金划拨								发起	审核	批准				
	跨公司之间的资金调拨(适用新公司) 金额≤200万元								发起	审核	批准		批准		
	200万元<金额≤500万元								发起	审核	审核		审核		批准
	金额>500万元								发起	审核	审核		审核		批准
8. 无风险短期理财方案									发起	批	审核		审核		批准
9. 利润分配方案									发起	发起				通过	
10. 公司财务核算										发起	审核		审核		批准
11. 税务核查、稽查意见回复资料									发起	审核	审核		批准		
12. 资产处置	应收、应付款处理				发起				审核	审核	审核		审核		批准
	资产报废及处理					发起			审核	审核	审核		审核		批准
	废旧物资处理					发起			审核	审核	审核		审核		批准

↶

附
录

家族财务报表

　　我给大家讲一个报表，叫家族财务报表。这个报表是我跟很多老板在交流沟通的时候总结出来的。这个报表相当于什么呢？

　　比如老板自己投资了一个公司，这个母公司就是老板的家。母公司占有下面公司全部或半数以上股份。你不能因为子公司经营不善破产，导致母公司也跟着破产。你的生意做得成功也好，失败也罢，遇到一些坎坷困难，也在所难免。但是，家破人亡这种情况是我们极不想看到的。

　　如果能够真正做到在中间加一道防火墙，上面是个人的，下面是公司的，把公私完全分开，就不会出现上述问题了。假如说投资 100 万出现问题，那么就可以只针对这一部分承担责任。我们必须把赚到的一部分钱拿来夯实个人家庭，即母公司的财产。不然，就算你的公司现在做得很大，只要有朝一日生意不行了，你就什么都没有。

表附－1　家族内部财务报表

家族资产负债表	家族损益表	家族现金流量表
一、资产 1. 资金 　（1）族长名下 　（2）家族成员名下 2. 股权 　（1）实业投资 　　①A公司股权 　　②B公司股权 　（2）财务投资 　　①甲公司 　　②乙公司 3. 财产（历史成本法） 　（1）股票等金融资产 　（2）房产 　（3）文物 　（4）土地 　（5）汽车 　（6）贵金属 　（7）被质押财产 4. 无形资产 　（1）孩子教育 　（2）保险 　（3）事业发展（管理思想） 　（4）管理系统 　（5）专利技术、配方、著作权 **二、负债** 1. 一般欠款 　（1）借银行 　（2）借朋友 　（3）借亲属 　（4）借员工 　（5）借民间 2. 高利贷欠款（一分五以上的借款） 　（1）借银行 　（2）借朋友 　（3）借亲属 　（4）借员工 　（5）借民间 **三、本钱和收益** 1. 投入本钱 　（1）实业投资 　（2）财务投资 2. 赚的收益 　（1）常规利润 　　①实业投资 　　②财务投资 　（2）非常规利润（注意收益比例：安全比例8:2，非安全比例5:5，危险比例2:8） 3. 财产增值	**一、常规收入** 1. 工资收入（老板财务误区：给自己开低工资） 2. 劳务费收入 3. 专利收入 4. 利息收入 5. 房租收入 6. 分红 **二、非常规收入** 1. 销售产品内账收入 2. 减：销售产品内账成本 **三、股权及资产转让收入** 1. 股权转让 2. 财产转让 3. 无形资产转让 **四、支出** 1. 生活支出 2. 教育支出 　（1）孩子 　（2）成人 3. 老人支出 4. 商务支出 5. 旅游支出 6. 健康支出 7. 交通支出 8. 人情往来 **五、个人所得税** 1. 工资 2. 劳务费 3. 分红 4. 其他（利息、专利、出租、转让） **六、盈余或亏损** 1. 常规盈余或亏损 2. 非常规盈余或亏损 **七、其他指标** 1. 家族成员人数 2. 人均收入 3. 人均支出 4. 人均盈余 5. 人均教育支出	**一、常规现金流** 1. 常规收入 2. 减：常规支出 3. 减：个人所得税 4. 净流量 **二、非常规现金流** 1. 内账现金流入 2. 减：内账现金流出 3. 净流量 **三、投资类** 1. 流入（出售股权、变卖资产） 　（1）分红 　（2）转售实业投资 　（3）转售财务投资 　（4）财产出售变现 　（5）无形资产出售变现 2. 流出 　（1）实业投资 　（2）财务投资 　（3）财产投资 3. 投资类净流量 **四、借债类** 1. 借钱 　（1）一般借钱 　（2）借高利贷 2. 还钱 　（1）一般还钱 　（2）还高利贷　本钱 　（3）还高利贷－利息 3. 借债类净流量 **五、现金结余** 1. 总现金净流量 2. 现金余额分布－年末 　（1）家族族长 　（2）家族成员

我能为你做点什么

民企老板关心什么

老板不懂财务，或者只重视业务而忽视财务，导致企业在财务领域出现损失，比如运营低效、利润率降低、投资回报率低、风险增加、资金紧张、投融资困难……这些问题都是经常遇到并令老板苦恼不已的。

财务管理的三大主题：增加利润、降低风险、增加现金流，这是所有老板都关心的。但是问题怎么解决呢？老板应该在经营管理过程中有一套怎样的思维体系呢？从哪里找一套解决问题的系统工具呢？谁又能帮老板做财务流程和体系的构建与执行呢？

总的来说，老板要实现上述三大目标，需要三个"一"：一套完善的财务系统、一名优秀的财务总监和一支胜任的财务军团。

我们要做什么

专注于财务管理实践，致力于财务技术的应用与开发，以"爱财务、爱生活"为理念，我们这一群从事财务工作的热心人士，在 2005 年创办了"中国财务技术网"。

财务技术网创立的前三年时间内，一直在做沙龙活动、高端财务课程研发工作。数百场沙龙与课程研发的讨论，几十位财务高手的共同参与，研发了 60 多个财务课程专题。2012 年我们重新成立了"金财咨询"团队，并在原来的基础上，总结形成了后来带来数亿元销售收入的"企业财务系统"。2009~2015 年间，我们累计为 10 万多位老板、高管和财务人员提供了相关培训，在这些培训过程中，也进一步升级了民企财务管理的课程体系。

财务体系的构建，是民企成长中的必经之路。构建基于企业经营、管理需求的"大财务"，而不是建立应付税务局的"小财务"或"糊涂账"，这是我们一项重大的使命！

在帮助企业建立财务系统的过程中，我们发现企业老板普遍缺乏财务基础。老板懂财务是企业建立财务系统的基石。老板喜欢财务、有财务思维、擅长运用财务工具、知道向财务人员提要求、习惯数据化决策，是决定企业财务系统构建顺利的关键因素。

财务人员的胜任能力，决定企业的财务系统能否得到强有力的落地、执行。财务人员的专业技术、综合素养、职业经理能力都至关重要，为企业打造一支"来之能战、战之能胜"的财务铁军，是 5000 多位历练过"财务铁军"训练营的财务人员所共同奋斗的目标。

"苗好，土壤也要好！"企业的高管环境，决定财务与业务的一体化程度。高管有财商，能用财务的思维去思考业务，打通财务与业务的壁垒，用财务数据去指导业务运营的方向，财务系统方能得以真正落地和通畅运行。

基于以上逻辑，我们设计了一个企业财务升级金字塔模型，如下图所示。

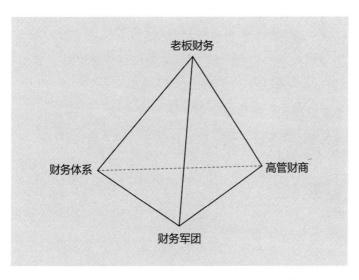

图后-1　企业财务升级金字塔模型

我们能做什么

近 20 年来，我一直从事财务工作，做财务分析、ERP 信息化咨询、审计、IPO 上市、财务治理等。这一路走来，特别是创办财务技术网、金财咨询团队以后，我始终坚持团队制胜的运作方式，建立我们的课程体系、咨询体系及人才体系。

1.财务升级之课程体系

一个懂财务的老板。"老板利润管控"课程主要起财务的启蒙与普及作用，涉及内容包括：资、税、账、管、人。客户收获有：轻松看懂报表、实现利润增长、打通财务与业务的壁垒等。

一套完善的财务系统。"财税天下——企业财税系统"是专门帮助企业建立完善财务管理体系的咨询式课程。"老板＋财务人员＋财税咨询师＋电脑＋方案工具"，全面为企业梳理、建立财务五大系统和方案：财务战略与支撑系统、账系统、税系统、钱系统、财务管控系统。

一支强大的财务铁军。"财务军团"是专门帮助老板训练其财务部门全体人员岗位能力的课程，结合了数百家企业的财务咨询经验，总结了 300 多条财务人员应会却大多不会的技术绝招，提升财务人员的技术、效率和忠诚度，重塑财务角色与使命，令其成为一名优秀的财务人员或一支强大的财务团队。

一个有大财商的高管团队。"高管财商"则是专门训练各部门经理、高管财商的课程，包括营销财务、采购财务、生产财务、研发财务、人力财务、运营财务、总经理财务等。业务人员懂财务，企业财务流程、数据化体系将产生巨大的效能裂变。

2.财务升级之咨询体系

财务系统建设咨询，包括股权架构设计咨询、账钱税系统咨询、预算系统咨询、内控系统咨询、ERP信息化咨询、税收筹划咨询、薪酬绩效系统咨询等。

财务强则企业强，企业强则经济强。"金财"是我们的道场，财务是我们的手段，课程与咨询是我们"敬天爱人"和"普度众生"的媒介，我们已经做好了准备——用财务为客户创造价值。不敢言大，但求专精，将毕生精力投入企业大财务管理升级之中，这是我们可以做到的。

用财务创造美好生活，爱财务，爱生活！